+Atividades
Português

Organizadora: Editora do Brasil

Nome: _____
Turma: _____
Escola: _____
Professor: _____

Dados Internacionais de Catalogação na Publicação (CIP)
(Câmara Brasileira do Livro, SP, Brasil)

+ Atividades: português, 5 / organizadora Editora do Brasil. -- São Paulo: Editora do Brasil, 2016.

ISBN 978-85-10-06346-3 (aluno)
ISBN 978-85-10-06347-0 (professor)

1. Português (Ensino fundamental) 2. Português (Ensino fundamental) - Atividades e exercícios.

16-04099   CDD-372.6

Índices para catálogo sistemático:
1. Português: Ensino fundamental 372.6

© Editora do Brasil S.A., 2016
Todos os direitos reservados

Direção geral: Vicente Tortamano Avanso
Direção adjunta: Maria Lúcia Kerr Cavalcante de Queiroz

Direção editorial: Cibele Mendes Curto Santos
Gerência editorial: Felipe Ramos Poletti
Supervisão editorial: Erika Caldin
Supervisão de arte, editoração e produção digital: Adelaide Carolina Cerutti
Supervisão de direitos autorais: Marilisa Bertolone Mendes
Supervisão de controle de processos editoriais: Marta Dias Portero
Supervisão de revisão: Dora Helena Feres
Consultoria de iconografia: Tempo Composto Col. de Dados Ltda.

Coordenação editorial: Paulo Roberto Ribeiro
Edição: Camila Gutierrez
Assistência editorial: Raquel Costa
Auxílio editorial: Marilda Pessota
Edição de conteúdo: Obá Editorial
    Editor assistente: Leonardo do Carmo
    Assistente editorial: Eugênia Souza
    Elaboração: Rita Sirlene Gonçalez
    Edição: Simone Herchcovitch de Castro
    Preparação: Isabela Norberto
Coordenação de revisão: Otacilio Palareti
Revisão: Alexandra Resende, Ana Carla Ximenes, Andrea Andrade, Elaine Fares e Maria Alice Gonçalves
Coordenação de iconografia: Léo Burgos
Pesquisa iconográfica: Adriana Vaz Abrão e Léo Burgos
Coordenação de arte: Maria Aparecida Alves
Assistência de arte: Carla Del Matto
Design gráfico: Estúdio Sintonia e Patrícia Lino
Capa: Maria Aparecida Alves
Imagem de capa: Hurst Photo/Shutterstock.com
Ilustrações: Alberto di Stefano, Carlos Caminha, Estúdio Mil, Estúdio Ornitorrinco, Fabio Eugenio e Ilustra Cartoon
Coordenação de editoração eletrônica: Abdonildo José de Lima Santos
Editoração eletrônica: Adriana Albano
Licenciamentos de textos: Cinthya Utyama, Jennifer Xavier, Paula Harue Tozaki e Renata Garbellini
Coordenação de produção CPE: Leila P. Jungstedt
Controle de processos editoriais: Beatriz Villanueva, Bruna Alves, Carlos Nunes e Rafael Machado

1ª edição / 2ª impressão, 2020
Impresso na BMF Gráfica e Editora

Rua Conselheiro Nébias, 887
São Paulo, SP – CEP 01203-001
Fone: +55 11 3226-0211
www.editoradobrasil.com.br

Sumário

Capítulo 1 5
Texto 1 – *1914* (Depoimento) 5
Língua: Gramática – Sinais de pontuação 7
Texto 2 – *Stand up! Don't stand for homophobic bullying* (Vídeo) 10
Língua: Ortografia – Grafia dos fonemas /**s**/ e /**z**/ 12
                   Grafia dos verbos **ter**, **vir**, **ver**, **crer**, **dar** e **ler** na terceira pessoa 14
Produção de texto – Microdepoimento em áudio 15
                   Carta aberta 15

Capítulo 2 17
Texto 1 – *Cavaleiros do Zodíaco – Saint Seiya*: A história (Resumo) 17
Língua: Gramática – Uso de maiúsculas e minúsculas em substantivos próprios e comuns .. 22
                   Formação de palavras compostas 23
Língua: Ortografia – Grafia dos fonemas /**s**/ e /**z**/ 26
Texto 2 – *Brinquedos antigos* (Imagens) 28
Produção de texto – Entrevista 30

Capítulo 3 32
Texto 1 – *Quatro estações* (Painel) 32
Língua: Gramática – Variedade linguística 35
Texto 2 – *O útimo dia na vida do ferreiro* (Conto fantástico) 39
Língua: Ortografia – **Li** ou **lh** 45
Produção de texto – Conto fantástico 46

Capítulo 4 48
Texto 1 – *Retiro em Noronha* (Relato) 48
Língua: Gramática – Jargão 50
                   Homonímia 51
                   Paronímia 52
Texto 2 – *A canção de Brisa* (Narrativa literária) 53
Língua: Ortografia – Palavras terminadas com **-ice** ou **-isse** 55
Produção de texto – *Checklist* 56

Capítulo 5 58
Texto 1 – *Se os tubarões fossem homens* (Crônica) 58
Língua: Gramática – Preposições e locuções prepositivas...................................... 63
Texto 2 – *O mundo de Sofia* (Romance)... 67
Língua: Ortografia – Abreviaturas, siglas e símbolos... 69
Produção de texto – Enquete 71

Capítulo 6 72
Texto 1 – *Práticas para melhorar sua escrita* (Campanha publicitária)...................... 72
Língua: Gramática – Pronome pessoal de tratamento 75
Língua: Ortografia – Abreviaturas dos pronomes pessoais de tratamento 77
Texto 2 – *A vaguidão específica* (Crônica).. 78
Língua: Gramática – Semântica – locuções adverbiais 80
Produção de texto – Releitura de crônica.. 84

Capítulo 7 85
Texto 1 – *Para engenheiro israelense, dessalinizar água do mar é opção para amenizar crises hídricas em SP* (Reportagem)... 85
Língua: Gramática – Verbo principal e verbo auxiliar.. 88
Texto 2 – *Século do progresso* (Canção)... 90
Língua: Gramática – Sujeito e predicado 92
Língua: Ortografia – Dígrafos consonantais **rr** e **ss**.. 94
Produção de texto – Rap 97
Radionovela 98

Capítulo 8 100
Texto 1 – *Iroco* (Mito)...100
Orixá Tempo (Mito) 101
Língua: Gramática – Pronomes..104
Língua: Ortografia – Os porquês 105
Texto 2 – *Um apólogo* (Conto) 108
Produção de texto – Mito 111

CAPÍTULO 1

Texto 1

Depoimento

A obra *Vozes roubadas – Diários de guerra* foi organizada por Zlata Filipović, uma garota que contou um pouco de sua experiência em uma guerra ocorrida em Sarajevo, em 1980, e Mellanie Challenger, uma premiada escritora inglesa. Nessa obra, foram colhidos depoimentos de crianças do mundo todo que passaram por situações semelhantes às vividas por Zlata. Agora, leia um trecho do depoimento da alemã Piete Kuhr, escrito quando a menina tinha 12 anos de idade, em meio à Primeira Guerra Mundial (1914-1918), na Alemanha.

Piete Kuhr, em 1915.

1914

Meu nome é Piete.
Não direi qual é meu verdadeiro nome, pois é muito estúpido.
Vou dizê-lo, sim; é Elfriede, Frieda (Frieda é o limite do ridículo!). Meu irmão se chama Willi-Gunther, ele tem quinze anos. Eu tenho doze. Moramos com minha avó em Schneidemühl, na província de Posen. Minha mãe tem uma escola de música em Berlim, a "Principal Escola de Música e Dramaturgia". Ela nos visita com frequência. Estes são os melhores momentos.
Hoje é dia 1º de agosto de 1914. Faz muito calor. Começaram a colher o centeio no dia 25 de julho, já está quase branco. Quando passei por um campo esta noite, colhi três ramos e fixei-os sobre minha cama com uma tachinha.

A partir de hoje a Alemanha está em guerra. Minha mãe me aconselhou a escrever um diário sobre a guerra; ela acha que ele poderá me interessar quando eu for mais velha. É verdade. Quando eu tiver cinquenta ou sessenta anos, aquilo que tiver escrito quando criança deverá parecer estranho. Mas será verdadeiro, pois não se deve contar mentiras num diário.

Foram os sérvios que começaram. No dia 28 de junho, eles receberam o príncipe herdeiro Francisco Ferdinando e sua esposa, Sophie. O casal real estava passeando de carro pela cidade de Sarajevo, e enquanto o carro passava, com eles acenando, houve uma emboscada e tiros foram disparados. Ninguém sabe quem foi o autor. O jornal diz que toda a Áustria-Hungria está num alvoroço indescritível. Em Viena, um ultimato foi redigido e enviado à Sérvia, mas os sérvios o rejeitaram. Todos dizem que os sérvios desejam a guerra para poderem manter seu estado de independência e que a Rússia irá apoiá-los. Certa vez, eu conheci um estudante russo em Kolberg, Nikolai Kedrin; meu irmão, Willi-Gunther, era muito amigo dele. E agora também ele estará envolvido nos tiroteios. Perguntei a Willi-Gunther se ele era capaz de imaginar tal coisa. Willi pensou um pouco e disse que não.

Áustria-Hungria, Alemanha, Sérvia, Rússia e França mobilizaram seus exércitos. Não fazemos ideia de como será a guerra. Há bandeiras em todas as casas da cidade, como se estivéssemos na época de algum festival. São todas pretas, brancas e vermelhas.

Disponível em: <www.companhiadasletras.com.br/trecho.php?codigo=12288>. Acesso em: fev. 2016.

Como você pôde perceber, esse diário traz elementos culturais bastante diferentes dos nossos, já que Piete vive em um lugar e em uma época distintos daqueles em que vivemos. Considerando essas diferenças, faça o que se pede a seguir.

1 Indique os substantivos próprios que o texto de Piete menciona, diferentes daqueles que utilizamos no Brasil.

_____
_____
_____

2 Agora colete no texto alguma referência a um costume típico do lugar em que Piete vive.

_____
_____
_____

3 Por meio de uma busca de imagens na internet, pesquise como são os ramos de centeio e descreva-os a seguir.

_____
_____
_____

Sinais de pontuação

Observe que a carta de Piete contém alguns sinais de pontuação, como a vírgula, o ponto final e o ponto e vírgula.

1 Releia alguns trechos do texto e responda às questões.

> Meu nome é Piete.

a) Por que, nessa frase, foi usado o ponto final?
_____
_____

> Não direi qual é meu verdadeiro nome, pois é muito estúpido.

b) Por que, nessa frase, foi usada a vírgula?
_____
_____

> Vou dizê-lo, sim; é Elfriede, Frieda (Frieda é o limite do ridículo!).

c) Por que, nessa frase, foi usado o sinal de ponto e vírgula?
_____
_____

2 Relendo a oração apresentada no item **c**, o que você observa sobre a informação que está entre parênteses?
_____
_____
_____

3 No trecho a seguir, use a pontuação adequada para intensificar a ideia de calor transmitida pela narradora.

> Hoje é dia 1º de agosto de 1914. Faz muito calor.

_____
_____

4. A **vírgula** é um sinal de pontuação que pode mudar todo o sentido de uma proposição, sem que haja alteração dos vocábulos. Isso quer dizer que uma frase, escrita duas vezes, com as mesmas palavras, mas com emprego ou não da vírgula, pode apresentar significados distintos.

Imagine agora a seguinte situação: duas pessoas perdidas em uma floresta. Uma diz à outra:

a) Considere as duas possibilidades de resposta a seguir: Em qual delas o interlocutor demonstra medo de ficar sozinho?

- ☐ — Não, fico aqui sozinho.
- ☐ — Não fico aqui sozinho.

b) Como deve ser interpretada a pausa indicada pela vírgula na primeira resposta?

_____
_____
_____
_____

5. Imagine que você quer escrever em um diário o que sente ao fazer essas atividades. Escreva uma frase e utilize um dos sinais de pontuação que estudou (vírgula, ponto final ou ponto e vírgula). Depois, explique por que os utilizou.

a) Minha frase: _____
_____

b) Explicação: _____
_____

6 A vírgula também deve ser empregada para separar, em uma frase, uma circunstância de tempo ou de lugar. Isso não ocorre no seguinte fragmento:

a) ☐ "Não direi qual é meu verdadeiro nome, pois é muito estúpido."

b) ☐ "Quando passei por um campo esta noite, colhi três ramos e fixei-os sobre minha cama com uma tachinha."

c) ☐ "No dia 28 de junho, eles receberam o príncipe herdeiro Francisco Ferdinando e sua esposa [...]"

d) ☐ "Em Viena, um ultimato foi redigido e enviado à Sérvia [...]"

7 Elabore duas perguntas diferentes para a mesma resposta:

a) Pergunta: _____
_____

Resposta: Não fazemos ideia de como será a guerra.

b) Pergunta: _____
_____

Resposta: Não fazemos ideia de como será a guerra.

8 Releia o trecho e responda à pergunta.

> A partir de hoje a Alemanha está em guerra. Minha mãe me aconselhou a escrever um diário sobre a guerra; ela acha que ele poderá me interessar quando eu for mais velha. É verdade. [...]

- Que sinal de pontuação deveria ser substituído (e por qual) se a narradora tivesse a intenção de colocar em dúvida o conselho dado por sua mãe?
_____
_____

9 Na frase a seguir, o adjetivo "indescritível" refere-se ao substantivo "alvoroço", dando a ele uma característica, uma particularidade:

> O jornal diz que toda a Áustria-Hungria está num alvoroço indescritível.

Se acrescentarmos uma vírgula, teremos:

> O jornal diz que toda a Áustria-Hungria está num alvoroço, indescritível.

Assim, a ideia transmitida pela frase passa a ser:

a) ☐ o jornal é indescritível.   b) ☐ a situação noticiada é indescritível.

 Vídeo

A experiência que Zlata Filipović vivenciou na guerra, em 1980, apesar de ter sido extremamente difícil e desconfortável, fez com que ela se tornasse referência mundial no combate aos maus-tratos em crianças e adolescentes.

Em 2011, Zlata continuou essa luta participando da produção de um vídeo chamado *Stand up! Don't stand for homophobic bullying* (em português, Levante-se! Não apoie o *bullying* homofóbico). Ele faz parte de uma campanha irlandesa sobre esse assunto.

Para assistir, acesse: <www.youtube.com/watch?v=lrJxqvalFxM> (acesso em: nov. 2015). Para colocar as legendas em português, clique em "Detalhes" e siga as instruções do *site*.

Imagem do vídeo *Stand up! Don't stand for homophobic bullying*.

Você já conhecia a expressão **bullying homofóbico**? Bem, para explicá-la, primeiro é preciso entender duas coisas.

Derivado da palavra inglesa *bully*, que significa "valentão", o **bullying** se refere a atitudes repetitivas de agressão física e/ou verbal tomadas por um ou vários indivíduos contra uma ou mais pessoas. Essas agressões soam como humilhação, inferiorizando aqueles que as sofrem, sem lhes dar a oportunidade de se defender.

A **homofobia** (*homo*: prefixo grego que significa "igual", compõe a palavra "homossexual"; *fobia*: medo, aversão), por sua vez, é a definição que damos para o preconceito e a rejeição que algumas pessoas sentem pelos homossexuais, bissexuais, transexuais e outros gêneros. Esses sentimentos que caracterizam pessoas extremistas e intolerantes são de origem, principalmente, cultural e religiosa.

Portanto, **bullying homofóbico** é a junção da agressividade e do preconceito que algumas pessoas nutrem em relação à sexualidade de outra pessoa. É um ato criminoso e que gera muito sofrimento, pois fere a identidade e a liberdade do indivíduo atacado.

Cena do vídeo *Stand up! Don't stand for homophobic bullying*.

1 O título do vídeo, em inglês, tem dois sentidos. O termo *stand* pode tanto significar "apoiar" como "levantar-se". Como você explica a escolha desse título?

_____
_____
_____

2 Por que, no final do vídeo, o aluno que zomba de seu colega homossexual pergunta se ninguém vai pegar na mão dele?

_____
_____
_____

3 Como os outros colegas lidam com a fala preconceituosa desse garoto?

_____
_____

4 Por que, em sua opinião, Zlata teve interesse em participar da produção desse vídeo?

_____
_____
_____
_____

11

Língua: Ortografia

Grafia dos fonemas /s/ e /z/

1 Complete o trecho a seguir com **s** ou **z**.

> Quando Piete ficar mais velha, vai preci____ar de seu diário para se lembrar do que aconteceu durante a guerra, então ela tem que se responsabili____ar para não o perder.

Quando usar **-isar** ou **-izar**?

a) Empregamos a terminação **-isar** em verbos cujo nome já contém **s**. Por exemplo:
- precisar (preciso)
- analisar (análise)
- improvisar (improviso)
- pesquisar (pesquisa)
- pisar (piso)

b) Empregamos a terminação **-izar** em verbos cujo nome não contém **s** ou contém **z**:
- responsabilizar (responsabilidade)
- colonizar (colono)
- deslizar (deslize)
- traumatizar (traumático)
- oficializar (oficial)

2 Observe o cartaz e complete o texto com os verbos referentes às palavras entre parênteses.

Cartaz da campanha sobre desperdício de água "Eu amo Água". Disponível em: <www.unifran.edu.br/wp-content/uploads/2014/09/destaque-unifran-not%C3%ADcia.jpg>. Acesso em: jan. 2016.

O cartaz sugere que devemos _____ (economia) água. Para isso, é preciso:

- _____ (pesquisa) métodos de captação de água das chuvas;
- _____ (reutilização) água sempre que possível;
- _____ (aviso) sobre a crise hídrica sempre que virmos alguém desperdiçando água;
- _____ (ameno) os impactos consertando pequenos vazamentos quando houver;
- _____ (real) campanhas que promovam a economia.

3 Leia um fragmento de notícia.

Digitalização de livros do Google é legal, dizem EUA

San Francisco — Um tribunal de apelações dos **Estados Unidos** concluiu nesta sexta-feira que o projeto de **escaneamento** de milhões de livros do **Google** para uma biblioteca digital não viola as leis de direito autoral.

"Concluímos que a digitalização não autorizada do Google de obras protegidas pela lei de direito de autor, a criação de um sistema de busca e a amostragem de fragmentos dessas obras não **infringem** a lei", concluíram de forma **unânime** os três juízes no painel do Tribunal de Apelações do Segundo Circuito Federal em Nova York.

[...]

Disponível em: <http://exame.abril.com.br/mundo/noticias/digitalizacao-de-livros-do-google-e-legal-dizem-eua>.
Acesso em: nov. 2015.

Escaneamento: nome dado à ação de escanear, ou seja, copiar algo utilizando um aparelho que faz cópias direto para o computador em forma de imagens.
Infringir: desrespeitar.
Unânime: de acordo comum.

a) Considerando a palavra sublinhada na manchete (título) da notícia, indique o verbo correspondente a ela.
_____

b) Complete a frase com o verbo referente à palavra em destaque.

É preciso _____ a digitalização de livros para que ela se torne uma prática **legal**.

c) A palavra **digitalização** e o verbo correspondente a ela são antigas ou atuais? Justifique sua resposta.
_____
_____

d) A digitalização de obras literárias pode ajudar a reduzir um tipo de dano à natureza. Explique essa afirmação.
_____
_____

13

Grafia dos verbos ter, vir, ver, crer, dar e ler na terceira pessoa

4 Compare os exemplos e leia as dicas sobre a grafia dos verbos:

O estudante tem acesso ao livro digital.
Os estudantes têm acesso ao livro digital.

O estudante lê o livro digital.
Os estudantes leem o livro digital.

Tanto o verbo **ter** como o verbo **vir**, flexionados na terceira pessoa, apresentam distinção de número devido ao emprego do acento circunflexo ou à sua ausência:
- singular – sem acento;
- plural – com acento.

Lembre-se:
- ele tem/eles têm;
- ela vem/elas vêm.

Já os verbos **ver**, **crer**, **dar** e **ler**, flexionados na terceira pessoa, apresentam distinção de número pelo acréscimo de mais uma vogal **e**, e também pela supressão, no plural, do acento circunflexo:
- singular – ela vê/ele crê/(que) ele dê/ela lê;
- plural – elas veem/eles creem/(que) eles deem/elas leem.

- Agora complete as frases flexionando o verbo entre parênteses na terceira pessoa. Fique atento ao número (singular ou plural).

a) Atletas de todo o mundo _____ participar dos Jogos Olímpicos. (**vir**)

b) Estudos mostram que atualmente os jovens _____ mais. (**ler**)

c) Os funcionários não _____ boas perspectivas para a empresa. (**ver**)

d) Aquela mulher sempre _____ boa intenção em tudo. (**ver**)

e) O cliente _____ pressa na execução do serviço. (**ter**)

f) Em redações, fuja de clichês como: "Vivemos em um mundo onde muitos _____ pouco e poucos _____ muito". (**ter**)

g) Quem muito _____, melhor compreende o mundo e as pessoas. (**ler**)

h) Ele não _____ mais nenhuma esperança. (**ter**)

 **Produção de texto**

Microdepoimento em áudio

Inspirado nas formas de registro feitas por Zlata, Piete e no vídeo *Stand up! Don't stand for homophobic bullying*, você fará um **microdepoimento em áudio** sobre uma situação hostil que já tenha passado ou tenha visto alguma criança passar.

> **Microdepoimentos em áudio** são gravações de depoimentos feitos para circular na internet, com o objetivo de fazer uma denúncia ou retratar realidades sociais que muitas vezes passam despercebidas.

Preparação

- Pare e pense um pouco sobre uma situação hostil; ela pode ter acontecido com você, com alguém próximo a você ou se referir a crianças que vivam em lugares distantes. O importante é que essa situação tenha sensibilizado você de alguma forma.
- Escreva esse episódio no caderno citando o máximo de informações que conseguir lembrar. O texto deve estar em primeira pessoa. Para organizá-las, você pode escrever em tópicos. Detalhe as partes que considerar mais marcantes.

Gravação

- Comece a gravação apresentando-se: diga seu nome e idade, introduza o que irá contar e explique por que se incomodou com a situação.
- Para fazer esse registro sonoro, utilize um gravador ou ferramentas de gravação de som, como aquelas disponíveis em aparelhos celulares.
- Na hora de gravar, imagine que você transmitirá essa mensagem para crianças do mundo todo, de maneira que qualquer pessoa, independentemente do lugar em que vive, poderá se sensibilizar, como aconteceu com você.
- No final da gravação, explique como acha que essa situação pode ser evitada, apontando uma solução para ela.

Socialização

- Finalizada a produção, se possível, compartilhe o áudio com seus contatos de *e-mail* a favor dos direitos das crianças e da proteção contra qualquer forma de hostilidade. Não se esqueça de colocar um título no *e-mail*.

Carta aberta

Agora você escreverá uma **carta aberta** para Zlata Filipović e Mellanie Challenger.

> **Cartas abertas** são cartas escritas com o objetivo de manifestar uma posição em relação a algum problema e torná-lo público para incentivar a reflexão do maior número possível de pessoas.

15

Preparação

- Seu objetivo será contar a elas o que você sabe sobre as vivências de crianças do mundo todo que passam por situações hostis e deixar registrado como você se opõe a essas práticas.
- Faça o rascunho da sua carta nas linhas a seguir.

Escrita

- Passo a passo, relate tudo o que leu e pesquisou sobre esse assunto e o que aprendeu com cada uma dessas leituras e pesquisas.
- Dedique um parágrafo de sua carta para manifestar sua opinião sobre o assunto e explique por que considera errada qualquer forma de violência contra as crianças.
- Reserve alguns parágrafos para explicar por que escolheu as duas como interlocutoras, contando o que sabe sobre a obra delas e perguntando o que elas estão fazendo atualmente.
- Termine a carta com uma proposta de intervenção semelhante à que foi criada pelas duas autoras e convide outras crianças que leram a obra delas a participar também.

Revisão e reescrita

- Depois de escrevê-la, releia o texto, verificando se cumpriu todas as etapas anteriores.
- Passe sua carta a limpo em uma folha de papel à parte. Se preferir, digite e imprima a carta.

Socialização

- Se desejar, pesquise na internet ou peça ajuda a um adulto para localizar o endereço de Zlata e Mellanie e tente enviar a carta para elas.

CAPÍTULO 2

Você conhece os *Cavaleiros do Zodíaco*?

Originalmente chamada *Saint Seiya*, é uma animação japonesa (ou *anime*, como é mais conhecida) adaptada de histórias em quadrinhos (ou mangás), que faz referências à mitologia grega e a diversas outras culturas.

Saiba mais sobre essa história no resumo a seguir.

Cavaleiros do Zodíaco — Saint Seiya: A história

A lenda conta que desde épocas mitológicas um grupo de habilidosos jovens protegiam Atena, a Deusa da Guerra, em suas árduas batalhas contra as forças malignas que tentavam dominar a Terra.

Estes jovens valorosos eram chamados de **Cavaleiros de Atena**. Provindos de todas as partes do mundo e dotados de verdadeira força e coragem, eles surgiam sempre que a paz na Terra era ameaçada. Nos tempos atuais, um novo grupo desses jovens guerreiros foi reunido.

Entre eles está **Seiya**, cuja constelação protetora é a de Pégaso, o cavalo alado. Após conseguir sua Armadura Sagrada no Santuário de Atena, na Grécia, Seiya volta ao Japão para cobrar a promessa feita por Mitsumasa Kido, o falecido fundador da Fundação GRAAD — que anos atrás enviou várias crianças órfãs para diversas partes do mundo — de reencontrar sua irmã, Seika, caso conseguisse se tornar um **Cavaleiro de Bronze**.

Porém, Mitsumasa faleceu, e agora é sua neta, **Saori**, quem recepciona o rapaz e lhe faz uma proposta: se ele sagrar-se vencedor da Guerra Galáctica — um torneio entre os Cavaleiros de Bronze disputando a **Sagrada Armadura de Ouro de Sagitário** — ela não medirá esforços para ajudá-lo a rever sua irmã desaparecida.

Mas o que eles não sabem é que a Guerra Galáctica servirá apenas de estopim para o início de uma dura jornada repleta de poderosos inimigos e deuses mitológicos malignos.

Ao lado de seus leais amigos — **Shun**, **Shiryu**, **Hyoga** e **Ikki** — Seiya terá pela frente os Cavaleiros de Negro, os Cavaleiros de Prata, os Cavaleiros de Ouro, Posêidon e seus Generais Marinas e, o último e maior desafio, Hades e seu exército de Espectros.

Disponível em: <http://mangasjbc.uol.com.br/cavaleiros-do-zodiaco-saint-seiya-a-historia/>. Acesso em: fev. 2015.

1 Agora, preencha o quadro a seguir e compare as características dadas aos personagens da série com as dos personagens originais da mitologia grega.

- Para conhecer os personagens da mitologia grega, pesquise por Atena, Posêidon e Pégaso em fontes confiáveis, como o *Dicionário etimológico da mitologia grega*: <http://demgol.units.it/pdf/demgol_pt.pdf>. Acesso em: nov. 2015.
- Para saber as características dos personagens da série, explore o *site* de uma comunidade de fãs da série: <www.cavzodiaco.com.br/cavaleiros_de_bronze/serie_classica/seiya_de_pégaso>. Acesso em: nov. 2015.

Nomes dos personagens	Características mitológicas originais	Características dos personagens na série
Atena		
Posêidon		
Pégaso		

19

2 Com base nos conhecimentos que você adquiriu, explique por que os criadores do desenho teriam utilizado deuses mitológicos no *anime*.

_____
_____
_____
_____

3 Explique com suas palavras quem é Seiya e qual é a sua principal missão no *anime*.

_____
_____
_____
_____

4 Entre os personagens citados, qual seria o principal? Como você chegou a essa conclusão?

_____
_____
_____
_____

5 Quais são os desafios de Seiya para conseguir reencontrar sua irmã?

_____
_____
_____
_____

6 Que informação presente no primeiro parágrafo do texto esclarece que Atena é uma personagem do bem?

_____
_____
_____

7 É correto afirmar que o texto lido:

a) ☐ é uma narrativa, ou seja, conta uma história, no caso, os feitos de Atena e seus cavaleiros.

b) ☐ é um texto informativo, uma vez que transmite informações sobre as personagens de uma história, sem dar detalhes dos fatos que compõem o enredo.

8 De acordo com o texto, na história original a Guerra Galáctica:

a) ☐ será apenas o início de uma dura jornada repleta de poderosos inimigos e deuses mitológicos malignos.

b) ☐ será consequência de uma dura jornada repleta de poderosos inimigos e deuses mitológicos malignos.

9 No último parágrafo, quando se fala do "maior desafio", o termo **maior** pode ser substituído, sem que haja mudança de sentido, por:

a) ☐ melhor.

b) ☐ pior.

c) ☐ último.

d) ☐ inicial.

10 Seres mitológicos fazem parte de:

a) ☐ histórias reais.

b) ☐ histórias fictícias.

11 Além dos deuses citados no texto que você leu, na mitologia grega há diversos outros. Teste seus conhecimentos e faça a correspondência entre o nome do deus grego e sua descrição. Se precisar, pesquise em livros ou na internet.

a) Zeus

b) Afrodite

c) Ares

d) Hera

e) Cronos

f) Hermes

g) Hefesto

h) Ártemis

i) Apolo

Deusa do casamento e da maternidade.

Mensageiro dos deuses.

Deus que simboliza o tempo.

Deusa do amor e da beleza.

Divindade do fogo e do trabalho.

Deus de todos os deuses, senhor do Céu.

Deusa da caça.

Divindade da guerra.

Deus da luz, poesia e música.

Uso de maiúsculas e minúsculas em substantivos próprios e comuns

1 Leia os quadros a seguir e explique por que os mesmos substantivos foram usados com letras maiúsculas e minúsculas.

> O Cavaleiro de **Hades** que aparece na saga do *anime Cavaleiros do Zodíaco* não é um **hades** qualquer. Ele se esconde em outro cavaleiro para não expor sua verdadeira face.

_____
_____
_____

> A saga ***Cavaleiros** do Zodíaco* mostra a luta entre **cavaleiros** de armaduras diversas, que lutam pelo bem ou pelo mal.

_____
_____
_____

2 Agora é sua vez: formule uma frase que utilize o mesmo substantivo na função de próprio e de comum. Depois explique esse uso.

- Frase: _____
_____

- Explicação: _____
_____

3 Por meio dos substantivos próprios do texto, que dão nomes a personagens, é possível afirmar que a história em questão pertence a outra cultura que não a nossa? Justifique.

_____
_____
_____
_____

4 Justifique o emprego das iniciais maiúsculas em:

a) Cavaleiros de Bronze: _____
_____

b) Sagrada Armadura de Ouro de Sagitário: _____
_____

c) Guerra Galáctica: _____
_____

- Os nomes próprios citados são fictícios, ou seja, não classificam fatos, objetos ou seres reais. Faça a correspondência entre esses nomes fictícios e os seguintes nomes reais:

  ☐ Guerra Fria

  ☐ Batalhão de Operações Especiais

  ☐ Troféu da Copa do Mundo de Futebol

5 Com auxílio da atividade anterior, nota-se que as iniciais maiúsculas em nomes próprios:

a) ☐ são empregadas apenas para nomear pessoas.

b) ☐ são empregadas para nomear seres e objetos específicos.

Formação de palavras compostas

Observe a imagem ao lado.

Amor-perfeito é o nome de uma flor de origem europeia e asiática. Na Antiguidade, gregos e romanos usavam essa flor na fabricação de perfumes. Também há registros na história sobre seu uso como medicamento e na culinária.

Para formarmos o nome dessa flor, usamos duas palavras:

amor + perfeito

Quando ocorre o uso de duas palavras na língua portuguesa para formar uma nova palavra, temos uma **palavra composta**.

Flor amor-perfeito.

23

6 **Desafio:** junte as palavras a seguir e descubra nomes compostos. Fique atento às dicas.

a) girar + Sol (nome de flor): _____

b) vinho + acre (tempero usado na salada): _____

c) pedra + óleo (matéria-prima da gasolina): _____

d) plano + alto (nome de um tipo de relevo): _____

e) perna + longa (nome de inseto): _____

f) correr + mão (objeto afixado em escadas): _____

7 Encontre no diagrama sete palavras compostas e escreva-as nas linhas a seguir.

Q	K	W	C	E	R	T	Y	P	I	O	P	K	R	L	N	H
A	G	M	A	D	R	S	P	E	R	X	A	G	A	P	K	K
S	F	A	I	Z	U	P	A	R	A	Ç	R	F	K	O	O	N
D	S	N	X	X	A	O	S	N	S	O	A	S	E	N	D	F
F	T	D	A	C	Ç	I	S	A	D	L	Q	T	C	T	A	G
G	G	A	R	V	L	I	A	L	F	K	U	G	B	A	S	D
H	Y	C	T	B	K	U	T	T	G	I	E	Y	R	P	S	U
J	O	H	U	Y	J	U	E	A	H	J	D	O	U	É	A	X
K	T	U	I	B	H	Y	M	W	J	U	A	M	C	W	P	Z
L	O	V	A	S	O	T	P	E	K	H	S	N	O	T	L	B
Ç	C	A	B	N	G	R	O	V	O	Y	H	C	S	E	A	R
Q	J	W	C	B	O	T	Y	Ç	I	O	P	K	R	L	M	K
P	K	G	D	R	H	K	F	O	I	R	H	K	F	O	N	E
M	N	H	L	U	U	L	M	L	T	B	K	U	T	L	N	C
R	S	T	J	N	R	F	R	K	I	K	F	O	I	R	H	B
T	F	W	B	C	R	T	Y	B	I	M	L	T	B	K	U	R
M	K	E	A	L	V	I	N	E	G	R	O	K	T	D	M	K

_____
_____
_____
_____

24

8 Complete as frases com as palavras compostas que nomeiam as imagens.

a) Na festa serviremos dois tipos de sanduíche: hambúrguer e _____.

b) Não posso ir amanhã, apenas na _____ _____.

c) Meus pássaros preferidos são o sabiá e o _____.

d) A _____ é uma planta bastante comum nos rios da Amazônia.

e) _____ é um doce feito com amendoim.

25

Grafia dos fonemas /s/ e /z/

Leia o anúncio colado num poste de uma grande cidade.

1. Na placa, uma palavra está escrita de modo incorreto em relação às regras da língua portuguesa. Que palavra é essa?
_____

2. Qual é a grafia correta dessa palavra?
_____

3. Por que será que a palavra foi escrita dessa maneira?
_____
_____
_____

4. Se compararmos as duas palavras, a que é considerada correta e a que é considerada incorreta, quais seriam as semelhanças?
_____
_____

5 Complete os trechos das canções com **s** ou **z**.

a) [...] Um va___io se faz em meu peito
E de fato eu sinto em meu peito um va___io
[...]

> Cartola e Elton de Medeiros. *Peito vazio*. Disponível em: <www.vagalume.com.br/cartola/peito-vazio.html>. Acesso em: nov. 2015.

b) [...] Eu já não tenho mais certe___a de nada
De tudo que ontem falei pra você
[...]

> Arnaldo Antunes. *Não vou me adaptar*. Disponível em: <www.vagalume.com.br/arnaldo-antunes/nao-vou-me-adaptar.html>. Acesso em: nov. 2015.

c) [...] Ah! eu quero o amor, o amor mais profundo
Eu quero toda bele___a do mundo
[...]

> Dolores Duran. *A noite do meu bem*. Disponível em: <www.vagalume.com.br/dolores-duran/a-noite-do-meu-bem.html>. Acesso em: nov. 2015.

6 Ajude a preencher a lista de compras completando as palavras com **s** ou **z**.

a) framboe___as

b) no___es

c) a___a de frango

d) a___eite

e) maione___e

f) a___eitona

g) produtos de limpe___a

h) panos para co___inha

i) mai___ena

Texto 2

Imagens

Agora que já lemos um texto sobre os *Cavaleiros do Zodíaco*, *anime* de aventura que reúne diversas referências mitológicas, vamos pensar em aventuras um pouco diferentes. Você conhece os brinquedos e brincadeiras de seus antepassados? Que tal conhecer um pouco mais sobre eles?

A seguir, veja as imagens de brinquedos antigos com os quais seus pais, avós e bisavós provavelmente brincaram.

Brinquedos antigos

Bilboquê.

Carrinho de rolimã.

Boneca feita com palha de milho.

- Agora diga como você acha que são feitos ou como se brinca com:

a) os bilboquês

_____
_____
_____
_____

b) os carrinhos de rolimã

_____
_____
_____
_____

c) as bonecas feitas com palha de milho

_____
_____
_____
_____
_____
_____
_____

 **Produção de texto**

Entrevista

Vamos aprender mais sobre brinquedos antigos. Você fará uma entrevista com algum familiar mais velho ou outra pessoa para conhecer algum dos brinquedos que ele utilizava. Para isso, acompanhe as etapas a seguir.

Preparação

- Em seu caderno, faça um roteiro com 10 perguntas. Você deverá explorar, em cada pergunta, informações que o ajudem a coletar os nomes e o funcionamento de brinquedos e brincadeiras antigas.

- Também acrescente ao roteiro perguntas que incentivem a pessoa a falar de como era sua infância e contar histórias dessa época.

- Depois que suas perguntas estiverem prontas, pense no familiar ou na pessoa mais velha que irá escolher e combine com ele um dia e horário para a entrevista.

Gravação

- Prepare o gravador de som, como o disponível em aparelhos celulares, para captar sua voz fazendo as perguntas e a de seu familiar respondendo-as.

- Quando tiver concluído a gravação da entrevista, agradeça a participação de seu familiar.

Transcrição

- Transcrever a entrevista será a parte mais fácil, porém mais trabalhosa: ouça as respostas de seu entrevistado e anote-as no caderno fazendo o mínimo de alterações possível.

- Durante a transcrição, você deve ficar atento às marcas da oralidade, que precisam ser representadas no texto para manter o estilo do entrevistado ou indicar alguma característica da linguagem oral. Por exemplo: se o entrevistado rir, você pode indicar [*risos*] no trecho do texto correspondente; ou, se ele disser uma palavra ou expressão que não esteja de acordo com a norma-padrão da língua, você indica [*sic*] após o trecho.

- Quando a transcrição da entrevista estiver pronta, se possível, acrescente ao texto uma fotografia sua e da pessoa.

- Por fim, escolha o brinquedo ou a brincadeira que você considerou mais divertido. Em seguida, pesquise uma imagem desse brinquedo ou dessa brincadeira, cole-a no espaço ou desenhe-a na página seguinte e explique, com suas palavras, como brincar.

a) Nome do brinquedo ou da brincadeira:
_____

b) Desenho do brinquedo ou da brincadeira:

c) Como se brinca:
_____
_____
_____
_____
_____
_____
_____

CAPÍTULO 3

Texto 1

Painel

Lygia Bojunga (1932) é uma renomada escritora brasileira, autora de *Meu amigo pintor* (1987). A história desse livro é bastante interessante, e começou assim: Lygia foi convidada a escrever uma história que acompanhasse algumas obras abstratas de Tomie Ohtake, uma importante pintora e escultora brasileira que faleceu em fevereiro de 2015, aos 101 anos de idade.

Em homenagem a essas duas artistas, você seguirá o mesmo processo pelo qual Lygia Bojunga passou no início da montagem do livro, isto é, lendo algumas obras da pintora Tomie Ohtake. Vamos lá? Observe as imagens da página ao lado. Os painéis originais estão expostos em São Paulo, na estação de metrô Consolação.

A escritora Lygia Bojunga, 2005.

A artista plástica Tomie Othake, 2013.

Quatro Estações, 1991, de Tomie Ohtake. Painel, Mosaico em tésseras de vidro, 4 painéis de 2 m × 15,4 m. Localização: Linha 2 – Verde, Estação Consolação, plataforma sentido Metrô Ana Rosa.

Quatro Estações, 1991, de Tomie Ohtake. Painel, Mosaico em tésseras de vidro, 4 painéis de 2 m × 15,4 m. Localização: Linha 2 – Verde, Estação Consolação, plataforma sentido Metrô Ana Rosa.

1 As fotografias foram tiradas de uma obra de Tomie Ohtake e fazem referência às quatro estações do ano. Em sua opinião, a qual estação a imagem corresponde? Justifique detalhadamente sua resposta.

_____
_____
_____
_____
_____
_____
_____
_____

2 Quando você olha para as cores dessa obra de Tomie, que lembranças vêm à sua cabeça?

_____
_____
_____
_____
_____

3 Você já conhecia alguma obra de Tomie Ohtake? Imagine que estão organizando em sua cidade uma exposição sobre essa artista e você foi convidado pelo jornal do bairro a fazer uma sinopse a respeito. Quais informações poderia incluir? Desenvolva aqui sua sinopse e, se necessário, pesquise mais sobre a artista, mas lembre-se de consultar fontes confiáveis, como: <www.institutotomieohtake.org.br/inicio/index.html> (acesso em: fev. 2016).

_____
_____
_____
_____
_____
_____

Sinopse é um texto de apresentação de uma obra ou um evento. Ela deve ser composta em poucas linhas, de maneira breve, e trazer conteúdos relevantes sobre o assunto, como o contexto em que está inserido ou dados sobre o artista. É importante que desperte o interesse do leitor, mas sem revelar aspectos que o façam desistir de conhecer a obra ou o evento. Por exemplo, quando vamos escrever sobre um livro ou filme, devemos falar do enredo e dos personagens, mas não podemos revelar o final da história.

Variedade linguística

Diversos fatores influenciam nosso modo de falar: o tempo em que vivemos, o lugar em que moramos, e até mesmo a situação de comunicação com que nos deparamos.

> Essas diferenças no modo como as pessoas usam a linguagem têm o o nome de **variedades linguísticas**, que se classificam em quatro tipos:
> - **variação histórica**, influenciada por fatores temporais, como o tempo em que vivemos ou nossa idade;
> - **variação geográfica**, ocasionada pela região em que moramos (mas é importante notar que a pronúncia da língua também pode variar no mesmo estado);
> - **variação social**, relacionada ao meio social em que circulamos; e
> - **variação situacional**, imposta pela situação de comunicação que enfrentamos.
>
> Vale destacar que essas variações não representam erros relacionados à norma-padrão da língua portuguesa; ou seja, são representações importantes da diversidade cultural de nosso país e um canal facilitador da comunicação em diferentes situações.

Faça as atividades e conheça um pouco mais das variedades linguísticas de diferentes regiões brasileiras.

1. Assista aos vídeos a seguir para conhecer um pouco mais das artistas que você estudou neste capítulo, Lygia Bojunga e Tomie Ohtake, e a pronúncia dos apresentadores e entrevistados.

   - Notícia do falecimento de Tomie Ohtake, apresentada por um jornal paulistano. A matéria fala um pouco sobre a biografia dela. Disponível em: <www.youtube.com/watch?v=NcJWD8Wm9SA>. Acesso em: nov. 2015.

   - Vídeo produzido pela *Revista do Cinema Brasileiro*, carioca, sobre a produção de um filme baseado no livro *Corda bamba*, de Lygia Bojunga. Disponível em: <www.youtube.com/watch?v=w_8QmiWDVoU>. Acesso em: nov. 2015.

   Agora explique as semelhanças e as diferenças na pronúncia observadas na fala dos paulistanos (quem nasce na capital de São Paulo) e dos cariocas (quem nasce na capital do Rio de Janeiro).

   _____
   _____
   _____
   _____
   _____
   _____

2 Agora você montará um minidicionário de palavras e/ou expressões regionais brasileiras pesquisando, em fontes confiáveis, termos que representem diferentes variedades da língua portuguesa do Brasil. Siga a tabela abaixo e preencha todas as letras do alfabeto. Alguns exemplos já estão disponíveis; complete os demais.

Letra	Palavra / expressão e pronúncia	Significado	Região de origem
A			
B			
C	**Caô** (pronuncia-se da mesma forma que escrevemos).	Trata-se de contar uma mentira.	Sudeste
D			
E			
F	Levou o **farelo** (pronuncia-se com a letra **e** acentuada, /farélo/).	Trata-se de uma pessoa que morreu ou se deu mal.	Norte
G			

Letra	Palavra / expressão e pronúncia	Significado	Região de origem
H			
I			
J			
L			
M			
N			
O			
P	**Peleja** (pronuncia-se da mesma forma que escrevemos).	Trata-se de uma briga, um conflito, ou de um desafio estabelecido entre duas pessoas.	Nordeste

37

Letra	Palavra / expressão e pronúncia	Significado	Região de origem
Q			
R			
S			
T	**Trocar** ideia (pronuncia-se com a letra **a** mais acentuada e suprime-se o **r**, /trocá/).	Trata-se de ter uma conversa com alguém.	Sudeste
U			
V			
X			
Z			

Conto fantástico

Leia a seguir um conto fantástico de Ricardo Azevedo, escritor brasileiro.

O último dia na vida do ferreiro

Dizem que a Morte sempre foi cheia de truques.

Uma vez, por exemplo, apareceu de manhã cedo diante de um jovem bonito, risonho e cheio de saúde que trabalhava na terra.

Assustado, o rapaz agarrou a enxada e ameaçou:

— Se veio para me levar vai ter que lutar comigo. Sou moço e ainda pretendo viver bastante!

Mas a Morte foi esperta:

— Que é isso, rapaz! Que bobagem! — respondeu ela, com voz jeitosa. — Não é nada disso. Largue essa enxada! Vim aqui para lhe dar um prêmio!

— Prêmio? — quis saber o outro desconfiado.

A Morte falava macio. Anunciou que aquele era um dia de sorte para o rapaz. Que se ele largasse o trabalho e saísse correndo pelos campos, toda a extensão de terra que conseguisse percorrer seria sua.

O moço era forte. Imaginou que poderia correr muito e ganhar um monte de terra. "Vou ficar rico!", pensou ele.

— Eu topo!

E lá se foi o jovem, a toda velocidade, atravessando planícies, subindo e descendo montanhas, saltando barrancos, correndo sem parar. [...]

Antes do fim do dia, seu corpo, enfraquecido pelo cansaço, infelizmente não aguentou. O jovem sentiu-se mal, tropeçou numa pedra, rolou por um barranco e morreu.

A Morte então, dizem, surgiu no espaço, abriu uma cova no chão e enterrou o rapaz.

[...]

E assim foi. Com a mesma conversa mole, a Morte apareceu, um dia, na casa de um ferreiro. O homem era jovem e vivia trabalhando o dia inteiro diante de um forno. Mesmo assim não tinha um tostão. É que aquele moço tinha bom coração e estava sempre repartindo suas coisas com as pessoas que precisavam.

Quando escutou a proposta da Morte, o ferreiro deu risada:
— O que vou fazer com tanta terra?
A Morte fingiu espanto:
— Você é moço. Vai me dizer que não quer ficar rico e poderoso?
O jovem pegou um pedaço de ferro em brasa e atirou na cara da Morte.
— Cai fora, desgraçada! Me deixa trabalhar e viver em paz!
A Morte afastou-se resmungando baixinho:
— Vai esperando que eu ainda pego você.
O ferreiro escutou bem aquelas palavras, mas não ligou.
Certa tarde, voltando para casa, encontrou uma velhinha na beira da estrada, sentada num barranco.
— Por favor, moço — disse ela ofegante. — Há três dias que eu não como nada. Me arranje um pouco de comida que eu não aguento mais de tanta fome.
Na sacola, o ferreiro só tinha um pedaço de pão velho e um pouco e carne. [...]
Examinou a velha. Ficou com pena. [...]
[...] abriu a sacola, e deu pão e carne para a velha.
Depois de saciar a fome, a mulher agradeceu muito. E deixou o ferreiro surpreso. Disse que sabia da vida dele. Sabia do encontro com a Morte. Sabia que ele tinha bom coração. Os olhos da velha brilharam. Contou que tinha poderes mágicos.
... — Faça três *pedidos* — disse ela —, que *eles serão atendidos*.

40

O ferreiro pensou bastante.

Depois pediu três coisas. Ferro e carvão para poder trabalhar sossegado pelo resto da vida; uma mesa mágica que sempre tivesse comida em cima; e uma viola que, quando ele tocasse, fizesse as pessoas saírem dançando sem conseguir parar.

[...]

A partir daquele dia, a vida do ferreiro mudou completamente. [...]

Mas o tempo, quando vai se ver, já passou. O jovem ferreiro virou um homem velho.

Um dia, bateram na porta de sua casa. Era a Morte.

— Lembra de mim? — perguntou a danada sorrindo. — Dessa vez não tem saída. Vim buscar você.

O homem convidou a Morte para entrar.

Quando viu aquela figura na sala e soube da má notícia, a esposa do ferreiro começou a chorar.

[...]

O ferreiro pediu para a mulher sair da sala. Chamou a Morte de lado. Confessou que tinha um último pedido. Era importante. Antes de morrer, queria tocar um pouco de viola.

— Tudo bem — disse a Morte —, mas seja rápido, pois tenho outras pessoas para levar.

O velho ferreiro tirou a viola do armário, sentou-se numa cadeira confortável e começou a tocar.

Ao escutar aquela música mágica, a Morte estremeceu e saiu pela sala pulando, dançando e sapateando.

— Pare com isso! — gritou ela, assustada.

— Paro coisa nenhuma! — respondeu o homem rindo e tocando.

A Morte, enquanto isso, rebolava, gingava e requebrava descontrolada, sem conseguir parar.

[...]

— Só paro se você me der mais três anos de vida. Tenho muitas coisas que ainda quero fazer.

[...]

— Não posso — gritou a Morte já sem fôlego. — Preciso cumprir minha missão. Além disso, você já viveu muito.

O velho ferreiro aumentou o ritmo.

[...]

A Morte não queria fazer acordo. O homem insistiu. A negociação acabou durante a noite inteira. No começo da madrugada, os dois fizeram um pacto. A Morte ficou de voltar dali a um ano.

E assim foi. Durante aquele último ano de vida, o velho ferreiro fez um pouco de tudo. Viajou pelo mundo. Conheceu gente. Aprofundou amizades. Procurou suas pessoas queridas e disse que gostava muito delas.

Infelizmente o tempo é uma roda que gira sem breque nem eixo.

O ano passou.

Certa tarde, bateram na porta. A mulher do ferreiro foi ver. Era a Morte, outra vez.

— Vim buscar seu marido — disse a terrível com a foice na mão.

Acontece que, por sorte, o ferreiro não estava em casa.

A Morte fez cara feia.

[...]

Quando o ferreiro chegou em casa, sua mulher estava apavorada. Contou o que havia acontecido.

[...]

Quando a Morte foi embora, o ferreiro e a mulher conversaram e bolaram um plano.

O ferreiro pintou os cabelos de preto, colocou barba postiça e ainda uns óculos de lentes grossas.

A noite estava escura quando, uma semana depois, a Morte apareceu. A mulher do ferreiro abriu a porta e fez o que havia combinado com o marido.

— Infelizmente ele teve que sair — explicou ela, sem jeito. — Era um caso urgente.

A Morte ficou furiosa:

[...]

— Mas nós fizemos um trato!

[...]

— Vejo que você tem uma visita — disse ela, examinando o homem de barba e óculos de lentes grossas.

— Sim — mentiu a mulher —, é meu tio. Irmão da minha mãe. Está aqui de passagem. [...]

— Hoje tenho que cumprir minha missão de qualquer jeito. Já que seu marido não está, vou levar o seu tio mesmo.

E assim, dizem, o velho ferreiro teve seu último dia na vida.

Ricardo Azevedo. *Contos de enganar a morte*. São Paulo: Ática, 2003. p. 23-32.

> O **conto fantástico** é uma narrativa (ou seja, uma história) em que aparecem elementos mágicos ou fantasiosos, impossíveis de acontecer ou de existir na realidade. Por ser uma narrativa, o conto fantástico é dividido em:
> - introdução ou início da história;
> - conflito, que é o desenvolvimento dos fatos bem como a criação de uma situação-problema;
> - clímax, que é o momento de maior tensão;
> - desfecho ou final: resolução da situação-problema e relaxamento do clímax.

1 No conto lido, a Morte aborda dois rapazes: um agricultor e um ferreiro. Compare as atitudes desses dois personagens e assinale a alternativa que contém a comparação correta.

a) ☐ Aparentemente os dois demonstram aceitação diante da presença da Morte, mas agem com astúcia (esperteza) e conseguem driblar a malvada.

b) ☐ Apenas o segundo age com astúcia e consegue elaborar um plano que o livra do destino traçado pela Morte.

c) ☐ O primeiro demonstra mais coragem e determinação ao enfrentar a Morte, enquanto o segundo, com bem menos coragem, consegue o que o primeiro não foi capaz.

d) ☐ O segundo consegue prolongar sua vida por vários anos porque não era ganancioso como o primeiro.

2 O texto menciona que "A Morte falava macio". Com que intenção a Morte abordou o primeiro rapaz com a aparente gentileza indicada nesse fragmento?

_____
_____
_____

3 Considerando-se as informações lidas sobre o ferreiro, pode-se concluir que ele não é uma pessoa:

a) ☐ generosa.

b) ☐ preguiçosa.

c) ☐ preventiva.

4 A velha com poderes mágicos concedeu três desejos ao ferreiro. Qual dos pedidos feitos pelo rapaz indica que ele já pensava em uma maneira de ser mais esperto que a Morte quando a encontrasse novamente?

_____

5 Na terceira abordagem da Morte ao ferreiro, ele adiou seu destino, mais uma vez, graças ao acaso. Justifique essa afirmativa.

_____
_____

6 Ditados populares, ou provérbios, são frases cuja origem é desconhecida e que trazem ensinamentos morais. Por exemplo, quando dizemos "Quem com ferro fere com ferro será ferido", queremos indicar que, quando fazemos uma maldade com alguém, um dia também seremos vítimas de algo ruim.

- Analise as situações do conto e associe-as aos ditados populares listados a seguir.

> **I.** O agricultor, movido pela ambição, acabou encontrando seu fim.
>
> **II.** Mesmo com pouca comida, o ferreiro dá o que tem à velha faminta. Por essa atitude, foi muito bem recompensado.
>
> **III.** O ferreiro poderia pedir à velha o que quisesse, mas garantiu-se pedindo uma viola mágica.
>
> **IV.** Depois de tanto tempo enganando a Morte, o ferreiro tenta mais uma vez, mas não consegue fugir do destino de todos os seres vivos.

a) ☐ É melhor prevenir do que remediar.

b) ☐ Quem tudo quer, nada tem.

c) ☐ Quem ri por último ri melhor.

d) ☐ Amor com amor se paga.

7 Em uma narrativa, o enredo (que é a história em si) é criado por meio de uma sucessão de fatos que apresentam causa (por que ocorreram) e consequência (o que houve depois). Analise o quadro e indique o item em que a relação causa-consequência não está de acordo com o conto "O último dia na vida do ferreiro".

	Causa	Consequência
a) ☐	Um dos pedidos do ferreiro à velha garantiu a ele permanente fartura de comida e de trabalho.	Há uma grande mudança no estilo de vida do ferreiro.
b) ☐	Na segunda visita da Morte ao ferreiro, ele faz um pedido a ela.	O ferreiro consegue prolongar sua vida por mais um ano.
c) ☐	O ferreiro acha que é capaz de vencer a Morte sempre.	O ferreiro resolve, então, aproveitar a vida viajando pelo mundo.

Língua: Ortografia

Li ou Lh

1 Releia e complete a frase que segue:

> Certa tarde, voltando para casa, encontrou uma **velhinha** na beira da estrada, sentada num barranco.

• A palavra em destaque está no grau _____.

2 Qual o diminutivo do substantivo **vela**? _____.

> No grau normal, a palavra **velha** tem o dígrafo **lh**. Quando muda para o grau diminutivo, deve continuar com o dígrafo **lh**, além da terminação **-inha**.
>
> Já a palavra **vela** não tem dígrafo no grau normal; no diminutivo, portanto, só tem dígrafo na terminação **-inha**.
>
> Veja outros exemplos de palavras com **li** ou **lh**:
> sandália, exílio, cílio; milho, alho, trilho.

3 Complete o diagrama de palavras com o diminutivo das palavras indicadas.

a) espelho
b) mala
c) olho
d) ovelha
e) coelho
f) filha
g) malha

Produção de texto

Conto fantástico

Agora você fará o mesmo processo que acompanhou no início do capítulo: contará uma história com base em uma imagem da artista Tomie Ohtake. Entretanto, partirá de uma nova imagem e criará um texto do gênero **conto fantástico**. Observe a imagem e siga as etapas propostas para escrever seu conto.

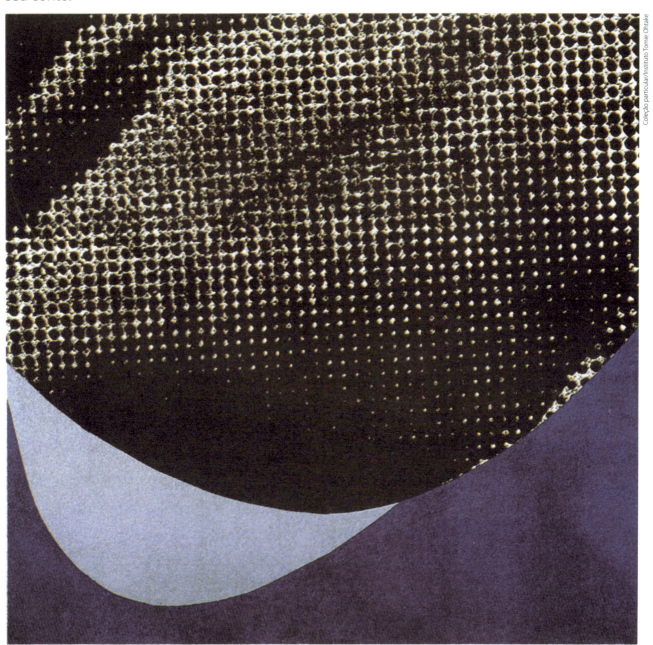

| Tomie Ohtake. Sem título, 1972. Litografia, 50 cm × 50 cm.

Preparação

- Leia atentamente a imagem. Quando você olha para ela, quais sensações e memórias vêm à sua cabeça? As formas do desenho lembram a você alguma coisa?

Escrita

- Anote nas linhas da página ao lado todas as impressões e ideias que tiver sobre essa imagem.
- Crie uma história cheia de fantasia e que envolva personagens e feitos fantásticos. Se tiver alguma dúvida sobre a estrutura ou as características dos textos nesse gênero, consulte o quadro apresentado anteriormente, junto com o conto de Ricardo Azevedo.
- Procure ser original. Você pode fazer referência a outras histórias fantásticas que conheça; porém, quanto mais original for, mais interessante será sua história!

Revisão e reescrita

- Depois que tiver terminado, revise seu texto, para se certificar de que ele não apresenta erros de grafia. Passe-o a limpo em uma folha à parte e depois compartilhe com os colegas.

CAPÍTULO 4

Texto 1

Relato

Leia o relato de viagem de quando a surfista Bruna Queiroz esteve em Fernando de Noronha.

Retiro em Noronha

Ainda de férias, resolvi fazer uma viagem que sempre sonhei. Fernando de Noronha (PE) é realmente tudo aquilo que eu imaginava: visuais alucinantes, muita natureza e ondas perfeitas.

Quando cheguei o **swell** ainda estava bem pequeno, o que não é comum nesta época do ano. Várias pessoas nunca tinham visto condições assim na temporada. Fiquei preocupada. Mas, mesmo assim, quebrei uma prancha com menos de 1 metro de onda. Percebi que a potência é forte.

Demorou, mas, quando funcionou, a **Cacimba do Padre** quebrou de verdade. As ondas são extremamente perfeitas, mas nem por isso são fáceis. Tomei muitas vacas, vi inúmeros caldos, mas peguei boas ondas e todos os dias saía feliz e cansada do mar.

Com todo aquele calor e as horas sem sair da água, é preciso se alimentar bem. Se não estiver hidratado, não aguenta. Lá o pescado é abundante. Comi muita anchova, meu peixe favorito, além de atum, cavala, lula e polvo, bom demais!

Bruna Queiroz dentro de uma onda, em viagem a Fernando de Noronha, 2012.

O pôr do sol é um mais lindo do que o outro. Lua que nasce laranja, peixes fluorescentes, tartarugas, arraias, sardinha, xaréu, tubarões, tudo bem pertinho. Só os golfinhos que apareceram de longe para nos visitar na Cacimba do Padre.

Os dias em que o mar cresceu foram um espetáculo. No evento **Prime** do circuito mundial, que rola todos os anos em Noronha, as condições ficaram clássicas e os meninos deram *show*. Em várias baterias houve viradas emocionantes e nos últimos segundos.

E nada melhor do que ver um brasileiro ganhando, ainda mais uma pessoa querida, humilde e tão talentosa como o Miguel Pupo.

Agradeço a marca de ***beachwear*** Santa Areia pela realização desta viagem e, se Deus quiser, ano que vem estarei novamente em Noronha para treinar mais e contemplar este **pico** tão alto-astral.

Disponível em: <http://waves.terra.com.br/surf/noticias/feminino/feninews/bruna-queiroz/retiro-em-noronha-(pe)>. Acesso em: jan. 2016.

Beachwear: palavra de origem inglesa, significa roupa de praia (*beach*: praia; *wear*: roupa).
Cacimba do Padre: praia localizada em Fernando de Noronha.
Pico: gíria usada para se referir a "lugar".
Prime: campeonato de surfe que ocorre em nível mundial.
Swell: palavra de origem inglesa, diz respeito à onda que se origina a partir de tempestades no mar.

---

1 Em sua opinião, o que teria levado Bruna a relatar sua viagem a Fernando de Noronha?

_____
_____
_____
_____

2 O texto menciona, no quinto parágrafo, um animal chamado *xaréu*. Faça uma pesquisa e explique que tipo de animal é esse e onde é comum encontrá-lo. Se possível, indique algumas características relevantes dele.

_____
_____
_____
_____
_____
_____

3 A autora do texto viajou por conta própria ou houve alguém que patrocinou a viagem? Por quê?

_____
_____
_____
_____

Jargão

O texto da seção anterior foi escrito por uma surfista que usou a linguagem própria de quem pratica o esporte. Essa linguagem específica de um grupo é chamada de **jargão**.

Releia, a seguir, dois trechos do texto em que são usadas expressões típicas do vocabulário dos surfistas.

> [...] Tomei muitas **vacas**, vi inúmeros **caldos**, mas peguei boas ondas e todos os dias saía feliz e cansada do mar.

> [...] Em várias **baterias** houve viradas emocionantes e nos últimos segundos.

1 Pesquise em um dicionário de língua portuguesa e em um glossário específico de surfe o significado das palavras em destaque nos trechos e preencha o quadro a seguir. Compare o significado comum dessas palavras e o sentido que elas adquirem no surfe.

- Para o significado comum, use um dicionário de língua portuguesa.
- Para o significado do surfe, você pode consultar o glossário disponível em: <http://ricosurf.com.br/escola-de-surf/glossario-do-surf>. Acesso em: jan. 2016.

Palavras	Significado do dicionário	Significado para o surfe
vaca		
caldo		
bateria		

2 Você conhece algum outro campo da atividade humana no qual uma definição comum das palavras adquira um significado específico? Qual?

_____
_____
_____

 Homonímia

Leia a tirinha a seguir.

Tirinha Planárias, de Willian Raphael Silva e Dario Martins.

3 O uso de uma palavra com dois sentidos diferentes causou uma confusão na tirinha. Qual seria a palavra e quais seriam os dois sentidos?

_____
_____
_____

4 No quadro a seguir há palavras homônimas; use-as para completar as lacunas.

Palavras homônimas são aquelas que têm a mesma pronúncia (e, às vezes, a mesma grafia), mas significados distintos.

acento – assento	seção – sessão
aja (do verbo agir) – haja (do verbo haver)	sexta – cesta

a) Fábio foi ao cinema na _____ das 18 horas.

b) O incêndio atingiu a _____ de calçados da loja.

c) O _____ dessa palavra foi colocado de forma incorreta.

d) _____ com precaução.

e) A _____ básica é composta de itens de primeira necessidade para a alimentação.

f) _____ paciência para tanta demora!

g) O _____ preferencial deve ser respeitado.

h) Viajaremos na próxima _____.

Paronímia

5 Nas portas dos banheiros de um restaurante, há as seguintes placas:

- Como você completaria a segunda placa? Explique. Se preciso, consulte um dicionário.

_____
_____
_____

Algumas pessoas se enganam porque "cavaleiro" e "cavalheiro" são **palavras parônimas**, ou seja, apresentam grafia e pronúncia parecidas, mas significados diferentes.

6 Os pares de palavras a seguir são exemplos de paronímia. Explique o significado de cada vocábulo.

a) inflação: _____

infração: _____

b) cumprimento: _____

comprimento: _____

c) fluvial: _____

pluvial: _____

d) emigrar: _____

imigrar: _____

 Narrativa literária

Leia o texto a seguir.

A canção de Brisa

Assim que a notícia chegou, Brisa teve a certeza de que não faltava mais nada para acontecer naquela cidade. Aquilo realmente era o fim do mundo.

— Um absurdo! — disse para si mesma. — Um completo absurdo. Uma insuportável, uma irritante... uma... uma... Ah! Desisto!

Toda a vez que a Brisa ficava nervosa era assim: as palavras simplesmente desapareciam da sua cabeça. Quando queria muito dizer uma coisa, pronto! Não surgia uma bendita frase completa. Tudo pela metade. Ou menos da metade. Aí ela ficava engasgada. Tem coisa pior que ficar engasgada?

Brisa andou pela sala em círculo, em linha reta, em círculo de novo. Respirou fundo algumas vezes. Mas não houve jeito de se acalmar.

— Já não basta toda a bagunça que conseguiram fazer? — Brisa tornou a pensar em voz alta. Isso até que funcionava, às vezes. Bom para organizar as ideias. — Pra que mais? Onde é que nós vamos parar? Quanta maluquice! Quanta birutice! Quanta... quanta... Ah!

Mas ninguém daquela cidade via bagunça em nada, não. E, sendo assim, ninguém falava, muito menos reclamava. As pessoas sempre diziam que o melhor era deixar para lá. Isso. Deixar para lá.

Em vez de reclamar, o máximo que acontecia era:
— Você viu a última?
— Ahn.
— Ninguém mais pode passar por ali.
— Ah, não?
— Não. É que o prefeito achou que aquela rua não tinha nada a ver. E então, não tem mais rua. Botou um bosque.
— Ah... Bosque é legal.
— Mas ninguém pode pisar lá. Senão estraga.
— É. Faz sentido.
Poucos dias depois, a mesma coisa:
— Por aí não, meu amigo!
— Como?
— Não está vendo a placa? Olha pra cima!
— "Trânsito de carros, pedestres e outros terminantemente proibido". Outros...
— Outros.
— Ah, sim. Compreendo. Mais uma rua fechada, é?
— Exatamente.
— Hmm... Tá bom. Então, eu vou por ali...
E dali a uma semana:
— Ô, meu senhor! Por favor, dê a volta.
— Ah, fecharam outra rua?
— Sim.
— Mais um bosque?
— Bom, na verdade, o prefeito ainda não resolveu.
— Quando ele resolver, vocês avisam, né?
— Pra que, se não vai poder pisar lá de qualquer jeito?

— É. Faz sentido. Não precisa avisar nada, não.

De tanta rua fechada, de tanto bosque inventado, a prefeitura foi ficando cada vez mais distante de tudo. E o prefeito, claro. Tanto que, depois de um tempo, ele foi se sentindo bem enjoado dessa história de fechar ruas. Bem enjoado mesmo. Aí ele resolveu fazer umas mudanças.

Sempre é preciso inovar, esse era o lema do seu governo.

— Não tem mais baile na cidade a partir de hoje.

— Ah, não?

— Não. Quem estava no baile ontem dançou até às 23h59, depois pegou seu par e voltou pra casa.

— Ah...

Só que esse último ah... era da Brisa. Porque bem na hora que ela estava procurando o dicionário para ver se encontrava mais alguma palavra que apontasse seu total descontentamento, desapontamento, irritamento... irritamento? As palavras estavam mesmo todas confusas na cabecinha da Brisa.

[...]

Tânia Alexandre Martinelli. *A canção de Brisa*. São Paulo: Editora do Brasil, 2001. p. 7-9.

1 Releia o trecho a seguir.

> Toda a vez que a Brisa ficava nervosa era assim: as palavras simplesmente desapareciam da sua cabeça. [...]

Já aconteceu algo parecido com você? Em algum momento ficou nervoso e esqueceu as palavras que iria usar para falar sobre determinado assunto? Comente sua resposta no caderno.

2 Leia a descrição do verbete a seguir para responder à questão.

> en.gas.gar v. 1 provocar engasgo ou ficar entalado; entalar. 2 causar ou sofrer interrupção ou não funcionar bem. 3 ficar preso; entalar-se. 4 dificultar a fala de ou ficar sem fala; atrapalhar(-se), embatucar(-se).

Antônio Houaiss. *Houaiss eletrônico*. Versão 2009. 5. Rio de Janeiro: Objetiva, 2010. CD-ROM.

- No terceiro parágrafo, a palavra "engasgada" é usada com qual dos sentidos apresentados pelo dicionário? Circule-o.

3 Releia o trecho a seguir e reescreva-o no caderno dando um significado novo à palavra em destaque. Lembre-se de que o sentido da frase deve permanecer o mesmo.

> [...] E o prefeito, claro. Tanto que, depois de um tempo, ele foi se sentindo bem **enjoado** dessa história de fechar ruas. [...]

4 Vamos ajudar Brisa a escolher mais palavras que expressem o que ela sente? Complete o espaço a seguir com outra palavra que dê continuidade ao texto e revele o sentimento da personagem.

> Porque bem na hora que ela estava procurando o dicionário para ver se encontrava mais alguma palavra que apontasse seu total descontentamento, desapontamento, _____.

Língua: Ortografia

Palavras terminadas com -ice ou -isse

Brisa **disse**:

- As palavras terminadas com **-ice** são substantivos. Por exemplo: maluqu**ice**, tol**ice**, meigu**ice**, chat**ice**, velh**ice**, gulod**ice**.
- As palavras terminadas com **-isse** são verbos no modo subjuntivo (que expressam desejo ou incerteza). Por exemplo: sorr**isse**, part**isse**, d**isse**, v**isse**, ag**isse**, dorm**isse**.

Observação: há alguns verbos no modo imperativo (que expressam ordem, conselho ou pedido) que terminam com **-ice**. Por exemplo: desperd**ice**, enfeit**ice**, at**ice**.

1 De acordo com a palavra em destaque, complete as frases com palavras terminadas em **-ice** ou **-isse**.

a) Marta não quer **sair**, mas sua mãe gostaria que ela _____.

b) Não seja **tolo**, chega de tanta _____.

c) Mas é muita _____! Comeu o bolo todo! É muita **gula**.

d) Cuidado para não **cair**, não queria que você _____.

e) Criança **peralta** faz _____.

2 Observe o cartaz e complete a lacuna com **-ice** ou **-isse**.

- A mensagem transmitida pelo cartaz é:
  "Não desperd_____ água."

Campanha de conscientização do uso sustentável da água.

55

Produção de texto

Checklist

Leia os versos a seguir.

Afinal

Afinal, a melhor maneira de viajar é sentir.
Sentir tudo de todas as maneiras.
Sentir tudo excessivamente [...]

Álvaro de Campos, heterônimo do poeta português Fernando Pessoa (1888-1935).

Para viajar é preciso planejar uma rota, organizar as finanças e tomar alguns cuidados para que, quando chegar ao destino desconhecido, seja possível "sentir tudo excessivamente", como sugere o poeta português Álvaro de Campos.

Preparação

Imagine que você está se preparando para passar suas férias em um lugar muito quente. Que local é esse? Escreva o nome dele no topo do quadro da página seguinte.

Considerando que você ficará 30 dias nesse lugar, identifique e organize em um *checklist* os pertences que você precisará levar para aproveitar o passeio, fazer sua higiene pessoal e usar no cotidiano. Para facilitar, imagine-se em diversos momentos dessa viagem e pense nos pertences que iria precisar em cada um deles.

Checklist, palavra de origem inglesa *check* (verificar) e *list* (lista), é uma lista de pendências que tem por objetivo ajudar as pessoas a se organizar em relação a um compromisso ou evento.

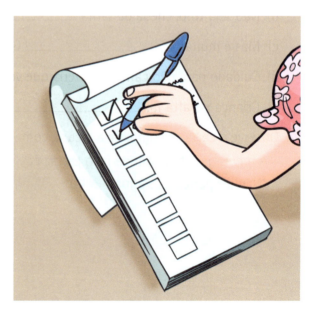

Pense também nas características do local e reflita sobre a necessidade de levar algum pertence complementar. Por exemplo, em regiões quentes, à noite, há muitos pernilongos e, nesse caso, levar um repelente pode ser uma boa ideia.

Para organizar sua lista, preencha o quadro da página seguinte. Se possível, você também pode indicar a quantidade de itens em seu *checklist*.

Local:

Categoria	Itens
Roupas	
Calçados	
Higiene	
Documentos	
Brinquedos	
Leitura	
Outros	

CAPÍTULO 5

 Texto 1

 Crônica

Leia a crônica "Se os tubarões fossem homens", de Bertold Brecht (1898-1956), dramaturgo, poeta e encenador alemão, para responder às questões a seguir.

Se possível, enquanto acompanha a leitura do texto, ouça-o sendo declamado pelo ator brasileiro Antônio Abujamra, no programa *Provocações*, disponível em: <http://tvcultura.cmais.com.br/provocacoes/pgm-50-se-os-tubaroes-fossem-homens-12-08-2001>. Acesso em: nov. 2015.

Se os tubarões fossem homens

"Se os tubarões fossem homens", perguntou ao sr. K. a filha da sua senhora, "eles seriam mais amáveis com os peixinhos?" "Certamente", disse ele. "Se os tubarões fossem homens, construiriam no mar grandes gaiolas para os peixes pequenos, com todo tipo de alimento, tanto animal como

58

vegetal. Cuidariam para que as gaiolas tivessem sempre água fresca, e tomariam toda espécie de medidas sanitárias. Se, por exemplo, um peixinho ferisse a barbatana, então lhe fariam imediatamente um curativo, para que ele não morresse antes do tempo. Para que os peixinhos não ficassem melancólicos, haveria grandes festas aquáticas de vez em quando, pois os peixinhos alegres têm melhor sabor do que os tristes. Naturalmente haveria também escolas nas gaiolas. Nessas escolas os peixinhos aprenderiam como nadar em direção às goelas dos tubarões. Precisariam saber geografia, por exemplo, para localizar os grandes tubarões que vagueiam descansadamente pelo mar. O mais importante seria, naturalmente, a formação moral dos peixinhos. Eles seriam informados de que nada existe de mais belo e sublime do que um peixinho que se sacrifica contente, e que todos deveriam crer nos tubarões, sobretudo quando dissessem que cuidam de sua felicidade futura. Os peixinhos saberiam que esse futuro só estaria assegurado se estudassem docilmente. Acima de tudo, os peixinhos deveriam evitar toda inclinação baixa, materialista, egoísta [...] e avisar imediatamente os tubarões, se um dentre eles mostrasse tais tendências. Se os tubarões fossem homens, naturalmente fariam guerras entre si, para conquistar gaiolas e peixinhos estrangeiros. Nessas guerras eles fariam lutar os seus peixinhos, e lhes ensinariam que há uma enorme diferença entre eles e os peixinhos dos outros tubarões. Os peixinhos, eles iriam proclamar, são notoriamente mudos, mas silenciam em línguas diferentes, e por isso não podem se entender. Cada peixinho que na guerra matasse alguns outros, inimigos, que silenciam em outra língua, seria **condecorado** com outra pequena medalha de sargaço e receberia o título de herói. Se os tubarões fossem homens, naturalmente haveria também arte entre eles. Haveria belos quadros, representando os dentes dos tubarões em cores soberbas,

59

e suas goelas como jardins onde se brinca deliciosamente. Os teatros do fundo do mar mostrariam valorosos peixinhos nadando com entusiasmo em direção às goelas dos tubarões, e a música seria tão bela, que a seus acordes todos os peixinhos, com a orquestra na frente, sonhando, embalados nos pensamentos mais doces, se precipitariam nas gargantas dos tubarões. [...] Além disso, se os tubarões fossem homens também acabaria a ideia de que os peixinhos são iguais entre si. Alguns deles se tornariam funcionários e seriam colocados acima dos outros. Aqueles ligeiramente maiores poderiam inclusive comer os menores. Isto seria agradável para os tubarões, pois eles teriam, com maior frequência, bocados maiores para comer. E os peixinhos maiores, detentores de cargos, cuidariam da ordem entre os peixinhos, tornando-se professores, oficiais, construtores de gaiolas etc. Em suma, haveria uma civilização no mar, se os tubarões fossem homens.

Bertolt Brecht. Se os tubarões fossem homens. In: *Histórias do Sr. Keuner*. 2. ed. Tradução de Paulo César de Souza. São Paulo: Editora 34, 2013.

Condecorado: homenageado.

1 Explique, de forma breve, como seria a vida para os peixinhos no mar se os tubarões fossem homens.

_____
_____
_____
_____
_____

2 Ouça a narração da crônica, gravada por Antônio Abujamra, indicada no início do capítulo. Para contar essa crônica, o ator usa alguns recursos dramáticos na gravação que você ouviu. Que recursos seriam esses?

Recurso dramático refere-se à interpretação de um ator ou de uma atriz no momento da leitura oral do texto, por exemplo: tom de alegria na voz se o texto for alegre.

3 Você brincará agora de ser ator ou atriz e usará alguns elementos da leitura dramática. Para isso, releia a seguir um parágrafo da crônica "Se os tubarões fossem homens" usando a seguinte legenda:

- para destacar uma palavra durante a leitura, faça sobre ela uma flecha para cima ↑;
- para usar uma pausa, escreva a letra **P** maiúscula.

Precisariam saber geografia, por exemplo, para localizar os grandes tubarões que vagueiam descansadamente pelo mar. O mais importante seria, naturalmente, a formação moral dos peixinhos. Eles seriam informados de que nada existe de mais belo e sublime do que um peixinho que se sacrifica contente, e que todos deveriam crer nos tubarões, sobretudo quando dissessem que cuidam de sua felicidade futura.

4 No início do texto o narrador coloca os tubarões como seres que cuidam dos peixinhos. Isso ocorre para que:

a) ☐ os peixinhos sejam mantidos afastados de todo perigo.

b) ☐ os peixinhos possam aprender a se defender dos peixes maiores.

c) ☐ os peixinhos adquiram confiança nos tubarões, mas apenas para que estes possam devorá-los depois.

5 O texto, na verdade, é:

a) ☐ um elogio ao comportamento dos tubarões.

b) ☐ uma crítica ao comportamento dos tubarões.

c) ☐ uma crítica ao comportamento dos homens.

d) ☐ um elogio ao comportamento dos homens.

6 Ironia consiste em afirmar algo, mas tendo a intenção de dizer o oposto. Em qual trecho há ironia?

a) ☐ "Curto e grosso, só então haveria civilização no mar, se os tubarões fossem homens."

b) ☐ "As guerras seriam conduzidas pelos seus próprios peixinhos."

c) ☐ "Ademais, se os tubarões fossem homens, também acabaria a igualdade que hoje existe entre os peixinhos [...]."

7 Agora você fará um parágrafo de releitura que será a continuação do texto original. Escreva no espaço abaixo como seriam a TV, a internet e as redes sociais se os tubarões fossem homens. Depois leia atentamento seu texto e passe-o a limpo fazendo as correções necessárias nas linhas abaixo da fase reescrita.

> A **releitura** consiste em contar o mesmo texto de outra forma. Você pode, por exemplo, usar gírias, fazer uso de humor ou outro recurso que queira, mas sem mudar as ideias do texto.

Escrita

_____
_____
_____
_____
_____
_____
_____
_____
_____
_____
_____
_____
_____

Reescrita

_____
_____
_____
_____
_____
_____
_____
_____
_____
_____
_____
_____
_____

Língua: Gramática

Preposições e locuções prepositivas

1 Veja as situações a seguir e explique a diferença de sentido conforme a troca de preposições.

a)

_____
_____
_____

b)

_____
_____
_____

c)

_____
_____
_____

2 Compare as frases.

> I. A filha falou **com** o pai.
> II. A filha falou **para** o pai.
> III. A filha falou **sobre** o pai.
> IV. A filha falou **após** o pai.

Agora escreva no quadro o número da frase que corresponde a cada pergunta.

a) ☐ Em qual frase o pai foi o assunto da conversa?

b) ☐ Em qual frase a palavra em destaque estabelece relação de tempo?

3 Veja as frases a seguir e responda ao que se pede.

> I. A filha falou **após** o pai.
> II. A filha falou **depois do** pai.

- Com a substituição do termo **após** pela expressão **depois de** houve mudança no significado da frase?

a) ☐ Sim.   b) ☐ Não.

Depois de é uma **locução prepositiva**, ou seja, é uma expressão formada por mais de uma palavra, mas que tem o valor de uma preposição. Toda locução prepositiva termina com uma preposição ou uma contração. Veja mais exemplos:
- atrás de, na frente de, apesar de, dentro de, fora de, acima de, abaixo de, perto de, graças a, em vez de, a fim de, em frente a, debaixo de, a favor de, além de, antes de, em torno de, por causa de, cerca de etc.

4 Circule as locuções prepositivas nas frases a seguir.

a) Graças a Deus, tudo deu certo!

b) Chegou mais cedo em casa a fim de terminar a lição de casa.

c) Cerca de trinta pessoas não pagaram ingresso para o *show*.

d) Abaixo de meu apartamento mora um senhor muito simpático.

e) Mônica percebeu que estava sentada em cima do embrulho.

f) Eles caminharam através da floresta.

g) Junto a nós, estavam os parentes do noivo.

h) Os alunos resolveram o problema de Matemática depois de muito empenho.

5. Leia o texto e faça o que se pede, observando as indicações do texto.

Os homens invisíveis

As mulheres esquimós, enquanto passam as longas noites de inverno amaciando e costurando as peles dos animais nos abrigos iluminados pela luz **bruxuleante** das lamparinas, costumam contar histórias assustadoras para as crianças agrupadas ao seu redor.

Então, junte-se **a (I)** elas, feche os olhos e escute:

Havia, não se sabe quando, uma raça de homens invisíveis que se deslocava pelas terras geladas do mesmo modo que as sombras da noite. Seus corpos, de acordo com antigas canções, eram iguais aos dos esquimós e usavam o mesmo tipo de armas que povos do Ártico usam para caçar e pescar.

Algumas vezes suas pegadas, antes que fossem apagadas pelo vento da madrugada, podiam ser percebidas **sobre (II)** as camadas de neve que iam se acumulando lentamente no solo.

Só que jamais alguém conseguiu avistar um desses misteriosos seres. Desapareciam como a fumaça no ar, antes que alguém pudesse comprovar se existiam ou não.

Só podiam ser vistos quando morriam. Então, o encanto se quebrava e eles se tornavam visíveis... Assim era, sussurravam as mulheres, encerrando **a (III)** história, enquanto as crianças se apertavam umas **contra (IV)** as outras, alarmadas **com (V)** as sombras de seus corpos projetadas nas paredes.

Rogério Andrade Barbosa. *Contos da terra do gelo*. São Paulo: Editora do Brasil, 2013. p. 27.

Bruxuleante: que tremula ou brilha de maneira fraca.

a) Em relação às palavras destacadas em **I** e **III**, qual exerce função de preposição? ___

b) A indicação **II**, que estabelece relação de lugar, poderia ser substituída pela seguinte locução prepositiva.

- ☐ acerca de
- ☐ acima de
- ☐ abaixo de

c) A indicação **V** estabelece relação de:

- ☐ causa.
- ☐ companhia.
- ☐ tempo.

d) Releia:

> Só podiam ser vistos **quando** morriam.

- Reescreva a frase substituindo o termo em destaque por uma locução prepositiva. Faça as alterações necessárias.

_____

_____

6 Observe a imagem a seguir, extraída da abertura de uma matéria publicada no encarte Estadinho, do jornal *Estado de S. Paulo*, voltado para o público infantil.

Anúncio "Brinquedo de comer", Estadinho.

- Em "brinquedo de comer" a preposição estabelece relação de:

a) ☐ posse.
b) ☐ causa.
c) ☐ finalidade.
d) ☐ assunto.

66

Romance

Você lerá a seguir um trecho do romance *O mundo de Sofia*, que conta a história da menina Sofia Amundsen, a qual sente uma grande mudança em sua vida depois que começa a trocar cartas com um filósofo. Para explicar a maneira como lidamos com os mistérios que nos cercam, seu amigo compara o nosso planeta a um coelho. Essa história contada pelo amigo é, portanto, uma metáfora.

> **Metáfora** é uma figura de linguagem em que, para explicarmos o funcionamento de alguma coisa, usamos a imagem de outra. No texto a seguir, por exemplo, para explicar quem criou a Terra e seus habitantes, o escritor usa a imagem de um mágico, um coelho e uma cartola.

O mundo de Sofia

[...]

Para muitas pessoas, o mundo é tão incompreensível quanto o coelhinho que um mágico tira de uma cartola que, há poucos instantes, estava vazia.

No caso do coelhinho, sabemos perfeitamente que o mágico nos iludiu. Quando falamos sobre o mundo, as coisas são um pouco diferentes. Sabemos que o mundo não é mentira ou ilusão, pois estamos vivendo nele, somos parte dele. No fundo, somos o coelhinho branco que é tirado da cartola. A única diferença entre nós e o coelhinho branco é que ele não sabe que está participando de um truque de mágica. Conosco é diferente. Sabemos que fazemos parte de algo misterioso e gostaríamos de poder explicar como tudo funciona.

PS. Quanto ao coelhinho branco, talvez seja melhor compará-lo com todo o universo. Nós, que vivemos aqui, somos os bichinhos microscópicos que vivem na base dos pelos do coelho. Mas os filósofos tentam subir da base para a ponta dos finos pelos, a fim de poder olhar bem dentro dos olhos do grande mágico.

[...]

Jostein Gaarder. *O mundo de Sofia*. Companhia das Letras, 1995. p. 26.

1 Por que o autor compara o mundo em que vivemos e nós mesmos a bichinhos que moram em coelhos de cartolas mágicas? Responda com o maior número de informações que você conseguir escrever.

___

2 Será que essa metáfora é boa o suficiente para descrever a maneira como lidamos com o conhecimento que temos sobre as coisas? Crie outra metáfora para dizer como você lida com sua realidade e explique-a.

- Para mim, a realidade é como...

___

3 Agora é a sua vez de exercitar seu lado "perguntador", ou seja, filosófico. Formule, nas linhas a seguir, uma pergunta intrigante sobre a realidade em que vivemos e que seja difícil de ser respondida!

Por exemplo:

> Se eu e o outro somos iguais, temos as mesmas capacidades e direitos, por que é tão difícil tornar a igualdade algo real e concreto?
>
> Se a humanidade está evoluindo, por que o planeta está morrendo?

- Minha pergunta é...

___

Língua: Ortografia

Abreviaturas, siglas e símbolos

SENHORAS E SENHORES, RESPEITÁVEL PÚBLICO!

1 Que palavras o mágico usou para chamar o "respeitável público"?

_____

2 No registro escrito, essas palavras poderiam ser abreviadas. Como elas poderiam ser escritas? Se necessário, pesquise.

_____

Abreviaturas são recursos da linguagem escrita que têm a função de reduzir uma palavra ou expressão. Na linguagem virtual (*e-mail* e redes sociais, por exemplo), as abreviaturas são bastante usadas. Por exemplo:
- vc – você; tb – também; qq – qualquer.

É importante, porém, atentar para o detalhe de que esse tipo de abreviatura deve ater-se à linguagem virtual ou informal. Veja alguns exemplos de abreviatura em linguagem formal:
- a.C. – antes de Cristo; Cia. – companhia; Dr. – doutor; adj. – adjetivo; ap. – apartamento; ed. – edição; cap. – capítulo; L – leste; O – oeste; N – norte; S – sul.

Dá-se o nome de **sigla** à letra inicial de uma palavra ou conjunto de letras iniciais de mais de uma palavra. Por exemplo:
- IBGE – **I**nstituto **B**rasileiro de **G**eografia e **E**statística; Enem – **E**xame **N**acional do **E**nsino **M**édio; RG – **R**egistro **G**eral; CEP – **C**ódigo de **E**ndereçamento **P**ostal; Funai – **Fu**ndação **Na**cional do **Í**ndio; CUT – **C**entral **Ú**nica dos **T**rabalhadores; Embratel – **Em**presa **Bra**sileira de **Tel**ecomunicações.

69

Os **símbolos**, muitas vezes confundidos com abreviações, servem para representar uma palavra, sem que necessariamente ela esteja reduzida por extenso. Por exemplo:
- quilômetro (palavra) – km (símbolo)
- metro (palavra) – m (símbolo)

3 Observe as imagens e identifique se nelas foram usados símbolos, siglas ou abreviaturas. Escreva também o significado de cada uma.

a)

- km/h: _____
  _____
  _____

b)

Cartaz da campanha nacional de vacinação contra a gripe e contra o sarampo.

- gov: _____
- SUS: _____
- www: _____
- Br: _____

70

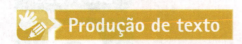 **Produção de texto**

Enquete

Agora você produzirá uma **enquete**.

Enquetes são uma coletânea de perguntas e respostas cujo objetivo é esclarecer um determinado assunto. É comum os estudantes brincarem de fazê-las em cadernos e depois passá-las para que todos os colegas as respondam.

Preparação

- A primeira etapa é planejar sua enquete: você deverá elaborar cinco perguntas filosóficas a partir do conteúdo desenvolvido na atividade relacionada ao livro *O mundo de Sofia*.
- Escreva-as nas linhas desta seção.

Envio

- Pense em cinco pessoas diferentes que poderiam responder às suas perguntas. Combine com elas o dia em que você enviará o questionário e o prazo para a devolução.
- Se achar conveniente, você pode enviar as perguntas e receber as respostas por *e-mail* ou algum outro dispositivo digital.

Organização

- Não é necessário que se chegue a uma resposta exata dessas perguntas; a proposta é fazer uma investigação filosófica acerca do tema escolhido e observar as diferentes perspectivas das pessoas em relação a uma mesma questão.
- Ao receber as respostas, organize-as em um mesmo documento, de forma que você possa visualizar todas as respostas de uma mesma pergunta.

Revisão

- Quando tudo estiver pronto, leia novamente o conteúdo para verificar se haverá necessidade de algum reparo ou revisão. Capriche!

1. _____
_____
2. _____
_____
3. _____
_____
4. _____
_____
5. _____
_____

CAPÍTULO 6

Texto 1

Campanha publicitária

Leia a campanha publicitária a seguir.

Campanha publicitária "Práticas para melhorar sua escrita", do *site Educar para crescer*.

1 Leia a seguir o verbete da palavra **campanha** e responda às questões.

> **cam.pa.nha** *s.f.* **1.** Campo aberto; região de campos. **2.** (Mil.) Conjunto de batalhas ou fase de uma guerra. **3.** Esforços conjugados ou movimento comum para se alcançar um objetivo; cruzada.

Celso Pedro Luft. *Minidicionário Luft*. São Paulo: Ática, 2008. p. 139.

> **Verbetes** são as palavras que procuramos no dicionário a fim de saber sua(s) definição(ões) ou outras informações que elas expressam.

a) Com qual dos significados dados no verbete a palavra **campanha** foi empregada no título do Texto 1? Copie-o.

___

b) Considerando a segunda definição do verbete, a abreviatura "Mil." indica:

- ☐ a definição da palavra usada no meio militar.
- ☐ a definição da palavra usada por milhares de pessoas.

c) Além das definições de **campanha**, que outras informações o verbete traz sobre essa palavra?

___

2 Que objetivo a campanha em questão tem em vista?

___

3 O texto indica consequências favoráveis que a prática da escrita proporciona. Quais são essas consequências?

___

4 De acordo com o texto da campanha publicitária, como é possível praticar a escrita em momentos de lazer ou em situações informais do dia a dia?

___

73

5 Toda campanha publicitária oferece à população orientações para que determinado objetivo se concretize. Transcreva do texto os verbos que iniciam essas orientações.

Consulte o dicionário
Saber o significado das palavras ajuda a apurar a qualidade do seu texto

Copie bons textos
O exercício leva ao aperfeiçoamento. Copie poemas e letras de músicas

Brinque de jogos educativos
Palavras cruzadas, forca e caça-palavras podem ajudar a fixar a grafia correta

Escreva bilhetes, cartas, e-mails...
Quanto mais você treinar no dia a dia, melhor escreverá

Leia sempre
Enriqueça seu vocabulário com leituras frequentes

Participe de redes sociais
Mas lembre-se de evitar abreviações e grafias incorretas

Educar para crescer/Abril Branded Content

_____

_____

_____

6 Sobre a flexão desses verbos, podemos afirmar que:

a) ☐ estão no modo indicativo, ou seja, expressam ações concretas, realizadas no passado ou ainda a serem realizadas.

b) ☐ estão no modo subjuntivo, ou seja, expressam situações hipotéticas, desejos ou possibilidades.

c) ☐ estão no modo imperativo, usado para dar conselhos, orientações ou ordens.

7 A ideia básica da campanha, de maneira sintetizada (resumida), é:

a) ☐ é preciso pesquisar métodos de treino de escrita.

b) ☐ o treino constante da escrita, de diversas formas, leva ao aperfeiçoamento.

c) ☐ só é possível treinar a escrita na escola.

d) ☐ leitura e escrita são atividades totalmente independentes, ou seja, a prática de uma não interfere na prática da outra.

8 Se você fosse criar uma campanha publicitária, qual seria o tema dela? Que ideia você gostaria de propagar? No espaço a seguir, elabore três frases que orientem o público a agir de acordo com sua campanha. Você pode complementar as frases com uma pequena ilustração.
Atenção à conjugação dos verbos! Use o modo imperativo para orientar as pessoas.

_____

_____

_____

Língua: Gramática

Pronome pessoal de tratamento

Releia a frase a seguir:

> Dicas para **você** escrever melhor e se dar bem na vida pessoal e profissional

1 A palavra destacada trata o leitor:

a) ☐ de modo formal, cerimonioso.

b) ☐ de modo informal, amistoso ou familiar.

2 Esse tipo de tratamento:

a) ☐ aproxima o texto do leitor comum, da população em geral.

b) ☐ restringe o texto a apenas um grupo de pessoas.

Pronomes pessoais de tratamento são palavras ou locuções que funcionam na comunicação entre as pessoas. A maioria dos pronomes de tratamento são formas de reverência utilizadas no trato cortês ou cerimonioso. Veja a tabela:

Pronome de tratamento	Usado para
Vossa Alteza	príncipes, princesas, duques, duquesas
Vossa Eminência	cardeais
Vossa Excelência	altas autoridades políticas e militares
Vossa Magnificência	reitores de universidades
Vossa Majestade	reis, rainhas, imperadores
Vossa Excelência Reverendíssima	bispos e arcebispos
Vossa Reverendíssima	sacerdotes
Vossa Santidade	papa
Vossa Senhoria	oficiais das Forças Armadas até coronel, funcionários públicos graduados, tratamento cerimonioso
Senhor, Senhora	tratamento respeitoso, pessoas mais velhas, pessoas casadas
Você	tratamento íntimo, amistoso e familiar

Embora os pronomes de tratamento designem a pessoa com quem se fala (segunda pessoa), os verbos que os acompanham sempre serão flexionados na terceira pessoa.

75

3. De acordo com o pronome de tratamento empregado, indique quem é o interlocutor, ou seja, com quem se fala.

a) Vossa Reverendíssima realizou uma belíssima cerimônia.
_____

b) Agradeço a Vossa Magnificência a oportunidade a mim oferecida.
_____

c) Vossa Alteza necessita de mais algum serviço?
_____

4. Explique por que, no trecho a seguir, o pronome de tratamento em destaque foi empregado de forma incorreta.

> Senhor Governador,
>
> **Vossa Senhoria** agiu de forma consciente e democrática diante da reivindicação popular.

_____
_____
_____

5. Usa-se "Vossa" em pronomes de tratamento quando se fala diretamente à pessoa. Se falarmos **sobre** a pessoa, usa-se "Sua". Leia:

- A quem o fragmento se refere, tendo em vista o pronome de tratamento empregado?
_____

Língua: Ortografia

Abreviaturas dos pronomes pessoais de tratamento

1 Como já vimos, o uso de abreviaturas é comum, e muitas vezes até viável, na linguagem escrita. Complete a tabela com as abreviaturas do quadro.

V. Exª – V. Revª – V. M. – Sr., Srª – V. A. – V. S.

Pronome de tratamento	Abreviatura
Vossa Alteza	
Vossa Eminência	V. Emª
Vossa Excelência	
Vossa Magnificência	V. Magª
Vossa Majestade	
Vossa Excelência Reverendíssima	V. Exª Revma
Vossa Reverendíssima	
Vossa Santidade	
Vossa Senhoria	V. Sª
Senhor, Senhora	
Você	V.

2 Escreva uma frase afirmativa utilizando a abreviatura do pronome pessoal de tratamento adequado à celebridade retratada na imagem ao lado. **Dica**: leia a legenda para saber quem ela é.

_____

_____

Princesa Akosua Busia, da família real de Wenchi. Gana, 2015.

77

Texto 2

Crônica

Leia a bem-humorada crônica do escritor carioca Millôr Fernandes (1923-2012).

A vaguidão específica

— Maria, ponha isso lá fora em qualquer parte.

— Junto com as outras?

— Não ponha junto com as outras, não. Senão pode vir alguém e querer fazer coisa com elas. Ponha no lugar do outro dia.

— Sim senhora. Olha, o homem está aí.

— Aquele de quando choveu?

— Não, o que a senhora foi lá e falou com ele no domingo.

— Que é que você disse a ele?

— Eu disse pra ele continuar.

— Ele já começou?

— Acho que já. Eu disse que podia principiar por onde quisesse.

— É bom?

— Mais ou menos. O outro parece mais capaz.

— Você trouxe tudo pra cima?

— Não senhora, só trouxe as coisas. O resto não trouxe porque a senhora recomendou para deixar até a véspera.

— Mas traga, traga. Na ocasião nós descemos tudo de novo. É melhor, senão atravanca a entrada e ele reclama como na outra noite.

— Está bem, vou ver como.

Millôr Fernandes. Disponível em: <www2.uol.com.br/millor/aberto/textos/005/011.htm>.
Acesso em: jan. 2016.

1 O substantivo "vaguidão" indica algo "vago"; poderia, portanto, ser substituído por:

a) ☐ determinação   b) ☐ indeterminação

78

2 O título da crônica – *A vaguidão específica* – deixa claro, logo de início, que haverá dificuldades para se compreender o que será dito no texto. Cite algumas dessas informações vagas tendo em vista o gênero do texto, que retrata situações e costumes do nosso cotidiano.

_____
_____
_____
_____
_____

3 Imagine que o diálogo do texto lido está ocorrendo entre uma mãe e sua filha. Considerando essa hipótese, sobre o que as duas poderiam estar conversando?

_____
_____
_____
_____
_____

4 Sobre o tratamento entre as duas personagens, pode-se afirmar que:

a) ☐ é reciprocamente familiar, isto é, elas se tratam de modo íntimo.

b) ☐ é reciprocamente respeitoso, isto é, elas se tratam com cerimônia.

c) ☐ é familiar da parte de uma, que trata a interlocutora por "você", e respeitoso por parte da outra, que trata a interlocutora por "senhora".

5 Explique por que o uso do pronome "ele" ajuda a transmitir a ideia de vaguidão.

_____
_____
_____

6 Agora é sua vez de criar um pequeno diálogo entre dois personagens que tenha o sentido vago, impreciso. **Dica**: o uso dos pronomes indefinidos ajudará na indeterminação de seu texto.

_____
_____
_____
_____
_____

Língua: Gramática

Semântica – locuções adverbiais

Semântica é a parte da gramática que estuda o significado das palavras, bem como seu emprego em contextos, a fim de tornar coerente a mensagem transmitida. A semântica também estuda o significado das palavras através do tempo e do espaço.

1. Releia agora o texto *A vaguidão específica* e marque com uma caneta colorida os termos que fizeram com que o texto ficasse vago.

2. Agora que localizou as palavras que tornaram a crônica vaga, reproduza o texto e substitua essas palavras por outras de maneira que você o deixe mais preciso, completando as informações.

— Maria, ponha _____.

— Junto com _____?

— _____

— _____

— _____

— _____

— _____

— _____

— _____

— _____

— _____

— _____

— _____

3 Observe que alguns termos que você localizou na primeira atividade são expressões que indicam tempo ou lugar. Classifique-as nas linhas que seguem.

a) Expressões que indicam tempo
_____
_____

b) Expressões que indicam lugar
_____
_____

4 "Aí", por ser apenas um vocábulo e não uma expressão que indica lugar, classifica-se como:

a) ☐ advérbio de lugar.

b) ☐ locução adverbial de lugar.

Lembre-se!
Advérbio: palavra que indica circunstância de **tempo**, **lugar**, **modo**, **intensidade**, **afirmação**, **negação** e **dúvida**.

Locução adverbial: expressão formada por duas ou mais palavras que indica circunstância de **tempo**, **lugar**, **modo**, **intensidade**, **afirmação**, **negação** e **dúvida**.

As expressões listadas anteriormente na atividade 3, que indicam tempo e lugar, respectivamente, são **locuções adverbiais**.

As locuções adverbiais apresentam, ainda, outros tipos de classificação, dependendo da circunstância que indicam.

Circunstância	Locução adverbial
afirmação	Com certeza, de fato, por certo, sem dúvida etc.
intensidade	De muito, de pouco, de todo, em excesso, por completo etc.
modo	Às claras, à toa, a pé, às escondidas, às pressas, em silêncio, por acaso etc.
negação	De forma alguma, de jeito nenhum, de modo algum etc.
dúvida	Com probabilidade, quem sabe etc.
tempo	À noite, à tarde, de dia, de manhã, de vez em quando, em breve etc.
lugar	À direita, à esquerda, ao lado, em cima, para dentro, por dentro etc.

5 Leia um trecho de reportagem a seguir.

Livros transformam a vida em uma grande história

Era uma vez uma menina chamada Clarissa que encontrou um livro da Bela Adormecida **no guarda-roupa** de sua mãe. Curiosa, decidiu ler a história da princesa que sai de seu sono profundo após receber um beijo apaixonado de um príncipe. **Não muito longe dali**, Bruna se divertia com Harry Potter, voando em uma vassoura mágica e jogando uma partida de quadribol. **Ao mesmo tempo**, Sabrina ria com as trapalhadas de Magali para conseguir mais uma melancia e devorá-la rapidinho.

Como em muitas obras literárias, os personagens desta história não terão sobrenomes, pois, certamente, Clarissa poderia ser Maria, e Bruna, se chamar Ana. Em comum, essas crianças têm o gosto pela leitura, seja de livros ou de gibis. Ou de ambos. Apesar de não terem mais do que 10 anos de idade, já viajaram pelos mais diferentes reinos e países, voltaram no tempo, visitaram o futuro, conheceram pessoas de diversos lugares e idades — e até mesmo de outros planetas. Não precisaram de passaporte e nem de autorização dos pais. Apenas viraram algumas páginas com letras e desenhos. E se deixaram levar por esse fascinante mundo da literatura.

[...]

Os pais certamente ocuparam papel de destaque nessa descoberta. Ouvir o pai ou a mãe contando historinhas ao pé do ouvido para divertir ou embalar o sono deixa qualquer criança mais feliz. Quando a família tem o hábito de ler, os livros passam a ser presença constante em casa. Bruna conta que em sua casa há vários livros, e Fabíola diz de boca cheia que até enciclopédia ela tem. [...]

Bruno Molinero. Crianças dão opinião sobre a polêmica; qual é a sua? *Folhapress*. Disponível em: <www1.folha.uol.com.br/fsp/folhinha/135678-criancas-dao-opiniao-sobre-a-polemica-qual-e-a-sua.shtml>. Acesso em: jan. 2016.

a) Reproduza as expressões em destaque no primeiro parágrafo, de acordo com a classificação:

- Locução adverbial de tempo: _____

- Locução adverbial de lugar: _____

82

b) O advérbio de afirmação **certamente** aparece duas vezes na reportagem. Indique duas locuções adverbiais, de mesmo valor semântico, que possam substituir esse advérbio.

_____

_____

c) No segundo parágrafo do trecho, o autor compara a literatura a:

- ☐ diversão.
- ☐ trabalho.
- ☐ estudo.
- ☐ viagem.

d) Outro aspecto levantado pela reportagem, sobre o hábito da leitura, era(m):

- ☐ a influência dos pais.
- ☐ os filmes assistidos.
- ☐ as viagens realizadas.
- ☐ os amigos.

6 Circule as locuções adverbiais das frases a seguir.

a) Amanda e Sérgio, com certeza, fizeram a lista de presentes.

b) De vez em quando, os amigos de Matheus iam visitá-lo.

c) Joana e Ana Paula sabiam de cor muitas cantigas.

d) Thamara, Larissa e Ester passearam de novo no domingo.

e) Gabriela chegou de repente.

7 Faça um **X** na circunstância de cada locução adverbial destacada.

a) **De vez em quando** frequento o estádio municipal.
- ☐ tempo
- ☐ dúvida
- ☐ lugar
- ☐ negação
- ☐ afirmação
- ☐ modo
- ☐ intensidade

b) **De maneira alguma** viajamos para outro país.
- ☐ tempo
- ☐ dúvida
- ☐ lugar
- ☐ negação
- ☐ afirmação
- ☐ modo
- ☐ intensidade

c) Esse menino é fascinante **por completo**.
- ☐ tempo
- ☐ dúvida
- ☐ lugar
- ☐ negação
- ☐ afirmação
- ☐ modo
- ☐ intensidade

d) **Com certeza** não faltarei às aulas amanhã.
- ☐ tempo
- ☐ dúvida
- ☐ lugar
- ☐ negação
- ☐ afirmação
- ☐ modo
- ☐ intensidade

e) **Quem sabe** se os alunos se dirigissem ao pátio da escola?
- ☐ tempo
- ☐ dúvida
- ☐ lugar
- ☐ negação
- ☐ afirmação
- ☐ modo
- ☐ intensidade

Releitura de crônica

Agora você fará uma nova brincadeira com a crônica de Millôr Fernandes: você criará uma outra história, mantendo as mesmas características do texto original. Seu novo texto terá como título "A vaguidão específica II, o retorno"!

Preparação

- Comece relendo o texto original e observando mais uma vez os termos que fizeram com que ele ficasse estrategicamente vago.
- Pense em um diálogo entre dois personagens que tenha a mesma "vaguidão". Para isso, crie um esquema nas linhas a seguir com o nome e características dos personagens e o assunto sobre o qual eles estarão conversando.
- Se for preciso, acrescente outros personagens ou faça modificações no enredo original: o mais importante é deixar sua história tão vaga quanto a primeira.

Escrita

- Escreva a crônica no caderno usando travessões, para indicar que se trata de um diálogo.

Revisão e reescrita

- Revise seu texto observando se as etapas anteriores foram cumpridas devidamente.

Socialização

- Se possível, depois que seu texto escrito estiver pronto, prepare uma leitura dramática para ele, de maneira que você mesmo reproduza as vozes dos dois personagens.
- Registre a leitura com um gravador de voz, como os aplicativos disponíveis em telefones celulares. Para ajudá-lo a elaborar a leitura, você pode assistir ao vídeo que mostra o diretor Jorge Furtado declamando o texto *A vaguidão específica*. Disponível em: <www.youtube.com/watch?v=PW2opx_X2BU> (acesso em: jan. 2016).
- Compartilhe o áudio com seus amigos e familiares.

CAPÍTULO 7

Reportagem

Leia a seguir uma reportagem que traz informações sobre a dessalinização da água, prática comum em Israel.

Para engenheiro israelense, dessalinizar água do mar é opção para amenizar crises hídricas em SP

Em Israel, 67% da água para consumo doméstico são tratados a partir da dessalinização; especialista Fredi Lokiec diz que Brasil poderia trilhar caminho semelhante

Usina de Ashkelon, Israel, 2012.

A construção de usinas de dessalinização no litoral paulista poderia garantir água potável para a população e o abastecimento não dependeria mais das flutuações climáticas. Essa é a análise do engenheiro ambiental Fredi Lokiec, feita a *Opera Mundi*.

Lokiec, carioca que se mudou para Israel em 1969, é um executivo da maior empresa israelense de dessalinização — a IDE Technologies —, que já construiu 3 das 4 usinas existentes no país, além de mais 400 usinas em 40 países.

Com uma experiência de 24 anos na área hídrica, Lokiec diz lastimar a situação de degradação do abastecimento de água em São Paulo.

Para o engenheiro, as autoridades relevantes demonstraram não ter uma visão de longo prazo. "Rezar para que chova não é suficiente, as autoridades deveriam construir infraestrutura para enfrentar a seca. A dessalinização é um método que confere independência", disse o engenheiro.

Do total da água do planeta, apenas 2,5% são água doce e todo o restante é dos oceanos. Diante da crescente escassez de água doce, a água do mar se destaca como o grande reservatório da humanidade, especialmente em vista de novas tecnologias que tornam a dessalinização um processo rápido e viável.

O processo de dessalinização dura cerca de 30 minutos e consiste na denominada "osmose inversa", na qual, por intermédio de pressão, a água do mar atravessa um sistema de membranas que separa o sal de outras substâncias, tornando-a potável. Em seguida, as substâncias retiradas da água são devolvidas ao mar.

Em Israel, que é um país semiárido que sofre de longos períodos de estiagem, 67% da água para consumo doméstico já provêm da dessalinização.

De acordo com Lokiec, as usinas de dessalinização fornecem 500 milhões de metros cúbicos por ano, dos 750 milhões consumidos domesticamente no país.

Outro 1,2 bilhão de metros cúbicos é extraído de fontes naturais e serve às necessidades da agricultura e da indústria.

"Se Israel não tivesse investido em dessalinização, hoje não teríamos água nas torneiras das grandes cidades", disse Lokiec. [...]

Disponível em: <http://operamundi.uol.com.br/conteudo/noticias/38650/para+engenheiro+israelense+dessalinizar+agua+do+mar+e+opcao+para+amenizar+crises+hidricas+em+sp.shtml>.
Acesso em: mar. 2016.

1 Você sabe que uma pequena parte da água disponível na Terra é doce e está apta ao consumo. Na reportagem lida, o engenheiro Fredi Lokiec apresenta uma possibilidade tecnológica de lidar com esse problema. Qual?

_____
_____
_____
_____
_____

2 Atualmente, os avanços tecnológicos permitem que diversos lugares que não possuem recursos de água doce suficientes às suas necessidades utilizem como alternativa a dessalinização, separação dos sais da água por meio de processo químico e físico. Existem quatro métodos principais para a realização da dessalinização: **osmose inversa** (o mesmo utilizado pelos israelenses), **destilação multiestágios**, **dessalinização térmica** e **congelamento**.

Agora você realizará uma pesquisa sobre esses processos e descreverá, de maneira breve, as etapas de cada um deles; mas lembre-se de que é importante considerar fontes confiáveis, como: <http://site.sabesp.com.br/site/interna/Default.aspx?secaoId=100>; acesso em: mar. 2016.

Língua: Gramática

Verbo principal e verbo auxiliar

Observe:

> Os israelenses **haviam feito** a dessalinização da água do mar.

Embora haja dois verbos na frase anterior (haviam feito), ambos indicam uma mesma ação. Temos, portanto, uma **locução verbal**.

1 Na locução em destaque, qual verbo informa a ação realmente praticada?

_____
_____
_____

Numa locução verbal, há o **verbo principal**, que informa a ação que foi, é ou será realizada, e o **verbo auxiliar**, aquele que deixa sua significação própria e toma parte na formação das locuções verbais. Os verbos auxiliares mais comuns são: ser, estar, ter e haver. Por exemplo:

Estou fazendo uma pesquisa sobre dessalinização da água.
Meu irmão **tem andado** doente.
A aula **foi dada** pela professora substituta.

2 A seguir, encontre no olho da reportagem que você leu as locuções verbais, transcreva-as e indique o verbo principal e o auxiliar que formam cada uma.

> Em Israel, 67% da água para consumo doméstico são tratados a partir da dessalinização; especialista Fredi Lokiec diz que Brasil poderia trilhar caminho semelhante

_____
_____
_____
_____

3 Em uma locução verbal, é possível que os verbos principais e auxiliares estejam ligados por uma preposição e um pronome. Leia a seguir o fragmento de um conto infantil e faça o que se pede.

A Abóbora Menina

[...]

A borboleta levantava voo e Abóbora Menina suspirava. E suspirava. E de nada serviam os consolos de suas irmãs, nem o consolo dos pés de couve, nem o consolo dos pés de alface que cresciam ali perto e que todas as conversas ouviam.

Certo dia passou por aqueles lados uma borboleta mais viajada e foi pousar mesmo em cima da abóbora. De novo a mesma conversa, os mesmos suspiros.

Tanta pena causou a abóbora à borboleta, que esta acabou por lhe confessar:

— Já que tamanho é vosso desejo de voar [...], só vos resta uma solução: deixai-vos levar pelo vento sul, que não tarda nada aí estará.

— Mas como? Não vedes que sou roliça? Não vedes que tenho engordado desde que deixei de ser semente?

E a borboleta explicou à Abóbora Menina o que ela devia fazer.

[...]

Teresa Lopes. A Abóbora Menina. *Histórias que acabam aqui: contos para a infância.* Edição do autor, 2005. p. 5-8.

a) Sublinhe no texto as locuções verbais, sejam elas com ou sem preposição e pronome.
b) Identifique quais são os verbos principais e os auxiliares dessas locuções verbais.

_____
_____
_____
_____
_____

Você leu um texto que se refere à dessalinização da água do mar como possibilidade de resolver um grande problema que assola o estado de São Paulo: a crise hídrica. Vamos comentar agora questões referentes a outro problema que parece avançar cada dia mais: a violência. A arte pode ser uma ótima aliada para que se acabe com a guerra e se construa a paz. Leia a seguir a letra de um samba do carioca Noel Rosa (1910-1937) que ficou conhecido pela voz de Aracy de Almeida (1914-1988).

Século do progresso

A noite estava estrelada
Quando a roda se formou
A Lua veio atrasada
E o samba começou

Um tiro a pouca distância
No espaço forte ecoou
Mas ninguém deu importância
E o samba continuou

Entretanto ali bem perto
Morria de um tiro certo
Um valente muito sério

Professor dos desacatos
Que ensinava aos pacatos
O rumo do cemitério

Chegou alguém apressado
Naquele samba animado
E cantando assim dizia:

No século do progresso
O revólver teve ingresso
Pra acabar com a valentia

Noel Rosa. *Século de progresso*. Disponível em: <www.vagalume.com.br/aracy-de-almeida/seculo-do-progresso.html>. Acesso em: mar. 2016.

1 O título desse samba apresenta uma certa ironia, ou seja, diz uma coisa querendo dizer outra. Explique isso detalhadamente.

___
___
___
___

2 Imagine a história contada pela letra do samba e elabore uma tirinha que mostre alternativas para as pessoas resolverem problemas e conflitos **sem o uso da violência**, seja física, por meio de agressões e/ou armas, seja verbal, quando se utilizam ofensas e xingamentos para agredir outra pessoa.

3 Cite outros elementos negativos que também tiveram origem em nossa noção de progresso, ou seja, outras coisas criadas pelo homem que, assim como as armas de fogo, não ajudam a promover a dignidade humana ou nos trazem problemas.

Língua: Gramática

Sujeito e predicado

A seguir, você lerá uma imagem do artista brasileiro Candido Portinari (1903-1962), que nasceu em uma fazenda próxima à cidade de Brodowski, estado de São Paulo. O primeiro registro de pintura desse artista se deu em 1914, quando ele tinha apenas 10 anos de idade. Aos 15 anos, ele se mudou para o Rio de Janeiro para estudar pintura e, aos 20, já participava de exposições e recebia muitos elogios por seu trabalho.

Candido Portinari. *Descoberta do ouro*, 1941. Pintura mural a têmpera, 494 cm x 463 cm.

1. Observe a obra de Candido Portinari e responda às questões.

   a) Tendo em mente o título do quadro e o local onde os homens estão, qual pode ser a profissão deles?
   _____
   _____
   _____

   b) Por que você acha que o artista retratou essa cena?
   _____
   _____
   _____
   _____

   c) Além de retratar o cotidiano, que outra característica da pintura chamou sua atenção?
   _____
   _____
   _____
   _____
   _____

2. Com base na cena retratada pelo artista e nas respostas dadas na atividade anterior, você elaborará três orações e, depois, destacará o sujeito e o predicado de cada uma delas.

   Orações são frases que têm apenas um verbo.

   a) oração: _____
   sujeito: _____
   predicado: _____

   b) oração: _____
   sujeito: _____
   predicado: _____

   c) oração: _____
   sujeito: _____
   predicado: _____

Língua: Ortografia

Dígrafos consonantais rr e ss

Releia a seguir um trecho do samba de Noel Rosa e observe as consoantes em destaque.

[...]

Mo**rr**ia de um tiro certo

Um valente muito sério

Profe**ss**or dos desacatos

[...]

Os dígrafos consonantais **rr** e **ss** (quando se duplicam as letras **r** e **s** em uma palavra) ocorrem em dois casos.

1. Quando, entre vogais, representam os sons simples do **r** ou do **s** iniciais. Por exemplo: morre, professor, progresso, apressado.
2. Sempre que a um elemento de composição terminado em vogal se segue, sem utilização do hífen, palavra iniciada por **r** ou **s**. Por exemplo: antirrugas, minissaia, pressentir, arritmia.

1 Na lenda a seguir, preencha as lacunas com **r**, **rr**, **s** ou **ss**.

O céu ameaça a Terra

Meninos e meninas do povo ikolen-gavião, de Rondônia, sentam-se à noite ao redor da foguei_____a e olham o céu estrelado. Estão ma_____avilhados, mas têm medo: um velho pajé acaba de contar como, antigamente, o céu quase esmagou a Te_____a.

Era muito antes dos avós dos avós dos meninos, era no começo dos tempos. [...]

Um dia, ouviu-se trovejar, com estrondo en_____urdecedor. O céu começou a tremer e, bem devaga_____inho, foi caindo, caindo. Homens, mulhe_____es e crianças mal conseguiam ficar em pé e fugiam apavo_____ados para debaixo das árvores ou para dentro de tocas. [...]

Ni_____o, um menino de cinco anos pegou algumas penas de nambu, "mawir" na língua tupi-mondé dos índios ikolens, e fez flechas. Crianças dos ikolens não podem comer essa espécie de nambu, senão ficam aleijadas. Era um nambu redondinho, como a **abóbada** celeste.

O céu era durí____imo, mas o menino esperto ati____ou suas flechas adornadas com plumas de mawir. Espanto e alívio! A cada flechada do ga____otinho, o céu subia um bom pedaço. Fo____am três, até o céu ficar como é hoje.

Em muitos outros povos indígenas, do Brasil e do mundo, há na____ativas pa____ecidas ou dife____entes sobre o mesmo a____unto. [...]

Antes de o céu subir para bem longe, os ikolens podiam deixar a Te____a e ir mo____ar no alto. Iam sempre que ficavam abo____ecidos com alguém, ou brigavam entre si, e subiam por uma escada de cipó. Gorá, o criador da humanidade, can____ou de ver tanta gente indo embo____a e cortou o cipó, para a Te____a não se esvaziar demais.

Betty Mindlin. Disponível em: <http://revistaescola.abril.com.br/fundamental-1/ceu-ameaca-terra-634295.shtml>. Acesso em: mar. 2016.

Abóbada: construção formada por arcos, de pedras, tijolos etc.; cúpula. Na astronomia, "abóbada celeste" refere-se ao firmamento, espaço em que se localizam os astros.

95

2 Faça um desenho que ilustre a atitude que fez com que o céu se mantivesse separado da Terra.

Produção de texto

Rap

Depois de ter discutido a letra do samba *Século do progresso*, você fará uma versão dele em forma de *rap*.

A palavra *rap* vem das iniciais em inglês RAP (**r**hythm **a**nd **p**oetry, que, traduzindo para o português, quer dizer "ritmo e poesia"). No Brasil, esse estilo foi incorporado pelas comunidades mais carentes e distantes das regiões tidas como grandes centros urbanos, ganhando outro significado: **r**itmo, **a**titude e **p**oesia. Essa troca foi usada porque muitos artistas do *rap* o utilizam no Brasil para fazer denúncias políticas e sociais, além de exaltar o desejo por uma vida melhor para todos, por meio de suas atitudes artístico-performáticas.

Preparação

- Como você fará uma versão, deverá contar uma história semelhante à contada pelo samba de Noel Rosa, por meio da qual também questionará a noção de progresso: Progresso onde? Progresso para quem?

Escrita

- Você pode utilizar a mesma estrutura da canção original, compondo um *rap* com seis estrofes de três a quatro versos cada.
- Também pode utilizar os seguintes esquemas de rimas: rime o primeiro verso com o terceiro e o segundo com o quarto (ABAB) – como na primeira estrofe da canção:

> A noite estava estrelada (**A**)
> Quando a roda se formou (**B**)
> A Lua veio atrasada (**A**)
> E o samba começou (**B**)

- Em duas estrofes, rime o primeiro verso com o segundo; rime também o terceiro verso da primeira estrofe com o terceiro verso da segunda (AAB-CCB) – como nas últimas estrofes da canção:

> Chegou alguém apressado (**A**)
> Naquele samba animado (**A**)
> E cantando assim dizia: (**B**)
>
> No século do progresso (**C**)
> O revólver teve ingresso (**C**)
> Pra acabar com a valentia (**B**)

- Misture as duas formas de rima em seu *rap*, assim como fez o autor original.
- O *rap* tem um estilo que fica entre a fala e o canto. Prepare seu *rap* escrevendo-o no caderno de acordo com as orientações deste material e treine um jeito expressivo de pronunciar suas palavras.

Socialização

- Aproprie-se de seu *rap* de maneira que você possa gravá-lo ou apenas declamá-lo quando for preciso.
- Leia a letra que você compôs, escute a gravação (se tiver feito) e verifique se você conseguiu cumprir todas as etapas corretamente. Capriche para poder compartilhar com seus familiares e amigos.

Radionovela
Preparação

Retomando o assunto trabalhado no início deste capítulo, reflita: Você já imaginou como seria se, um dia, toda a água potável do mundo acabasse? Após imaginar essa situação, você criará uma radionovela de ficção científica.

Radionovelas eram gravações em rádio que contavam histórias de ficção numa época em que não havia TV. Dessa forma, seus produtores precisavam ser criativos para improvisar efeitos sonoros (usando cocos para imitar o trote dos cavalos, por exemplo) e a voz dos personagens era gravada de modo acentuado e exagerado por seus atores.

Escrita

- Comece criando um roteiro escrito de sua história nas linhas da página ao lado, de modo a responder às seguintes perguntas: Como a água acabou? Quem ainda vive na Terra depois dessa catástrofe? Como as pessoas vivem depois que isso aconteceu?
- Defina o começo, o meio e o fim da história, articulando quais serão os principais personagens, qual será o conflito central da história e como ele se resolverá.

Gravação

- Utilize o gravador de som de um aparelho celular para gravar sua história depois que o roteiro estiver pronto.
- Como não é possível utilizar recursos visuais na produção de uma radionovela, é comum haver um narrador, que, sempre que necessário, descreve as cenas, os personagens e as sequências das ações, bem como indica uma mudança de cena.
- Além disso, é importante desenvolver diálogos entre os personagens, de maneira natural, para que o ouvinte possa visualizar os acontecimentos e compreender a narrativa.
- Crie vozes especiais para a atuação dos personagens. Se possível, convide amigos e/ou familiares para gravarem a radionovela com você.
- Alguns recursos caseiros podem ser utilizados em sua produção para conseguir determinados efeitos sonoros. Por exemplo: para reproduzir o som de fogo e de chuva, você pode amassar lentamente um pedaço de celofane ou uma sacola plástica próximo ao microfone. Outros sons presentes no dia a dia também podem ser aplicados: portas abrindo, fechando ou batendo, barulhos de trânsito, sinal da escola, crianças chorando etc.

Socialização

- Quando o roteiro estiver finalizado, mostre-o a um adulto e peça a ele que o leia para revisar seu trabalho.

CAPÍTULO 8

Mito

Leia a seguir o trecho de um mito africano sobre Iroco, presente na obra do professor Reginaldo Prandi, um dos principais pesquisadores da cultura afro-brasileira.

Iroco

No começo dos tempos, a primeira árvore plantada foi Iroco.

Iroco foi a primeira de todas as árvores, mais antiga que o mogno, o pé de **obi** e o algodoeiro.

Na mais velha das árvores de Iroco, morava seu espírito.

E o espírito de Iroco era capaz de muitas mágicas e magias.

Iroco assombrava todo mundo, assim se divertia.

À noite saía com uma tocha na mão, assustando os caçadores.

Quando não tinha o que fazer, brincava com as pedras que guardava nos ocos de seu tronco.

Fazia muitas mágicas, para o bem e para o mal.

Todos temiam Iroco e seus poderes e quem o olhasse de frente enlouquecia até a morte.

[...]

Obi: noz-de-cola (termo comum na África e na Bahia). Semente usada como masticatório e como tônico e aromatizante em refrigerantes.

Árvore *Milicia excelsa*, na Tanzânia, África.

Reginaldo Prandi. *Mitologia dos orixás*. São Paulo: Companhia das Letras, 2001. p. 164.

Agora, leia este outro texto, que amplia nosso entendimento sobre o personagem mitológico relatado na obra de Prandi.

Orixá tempo

O tempo é tão importante que é um orixá. Existe um antigo ditado africano que reza: "*O tempo dá, o tempo tira, o tempo passa e a folha vira*". Muitas vezes precisamos que o tempo nos seja favorável e, com o bom uso do tempo, muitas coisas se modificam, ou podemos modificar.

[...]

Iroco representa o tempo. É a árvore primordial. A primeira dádiva da Terra (Odudua) aos homens. Existe desde o princípio dos tempos e a tudo assistiu, a tudo resistiu, a tudo resistirá. Iroco é a essência da vida reprodutiva. Do poder da Terra. Alguns mitos dizem que Iroco é o cajado de Odudua, [...] que através dele ensina aos homens o sentido da vida.

É também a permanência dentro da impermanência, a impermanência na permanência. O ciclo vital, que não muda com o transcorrer da eternidade. A infinita generosa oferta que a natureza nos faz, desde que saibamos reverenciá-la [...].

Carlos Renato Assef. *O candomblé e seus orixás*. São Paulo: Lebook Editora e Livraria, 2013. p. 29.

1. Como você leu nos textos, Iroco é uma divindade africana associada a diversos elementos, até mesmo ao tempo. Tendo isso em mente, por que será que as pessoas de diversas culturas ao redor do mundo tratam o tempo como algo sagrado?

_____
_____
_____
_____
_____
_____
_____

2. Descubra o nome das divindades da mitologia africana relacionadas aos elementos da natureza indicados. Se precisar, consulte um livro ou a internet para descobrir.

águas salgadas

| I | | | | | Á |

vento

| I | | | Ã |

fogo

| X | | | Ô |

3. Faça uma breve pesquisa e preencha os quadros a seguir com imagens e características de outras divindades que também são associadas ao tempo.

a) Iroco (mitologia africana)

Imagem da divindade mitológica	Características

102

b) Cronos (mitologia grega)

Imagem da divindade mitológica	Características

c) Khonsu (mitologia egípcia)

Imagem da divindade mitológica	Características

Língua: Gramática

Pronomes

1 Leia a tirinha e responda às questões.

Tirinha *Calvin & Haroldo*, de Bill Watterson.

a) Por que Calvin não reage à pergunta de sua professora?
_____
_____

b) Quais foram os pronomes utilizados na tirinha e qual é a função de cada um deles?
_____
_____
_____

2 Agora, leia a resenha crítica sobre a obra *O diário de um banana*, de Jeff Kinney.

    Um livro que li em menos de uma semana. E como eu amo quadrinhos amei esse livro. Se você ainda acha que esse livro é "só para crianças" você está tremendamente enganado. Todos que lerem esse livro vão adorar. Não é considerado muuuito infantil por ter piadas bem engraçadinhas até, que eu ri bastante.

    O livro conta o dia a dia de Greg Heffley que decide deixar registrado em um caderno, não diário como sua mãe gosta de dizer, as suas aventuras de Halloween, na escola, em casa com seus dois irmãos, Manny (o bebê) e Rodrick (o rockeiro). Ele leva uma vida normal, adora jogar *video game* e sonha o tempo todo em ser famoso em qualquer cargo, mesmo que seja como segurança da escola.

    Esse é o primeiro livro de uma série que virou *Best-Seller* do New York Times. Gostei muito, pois é uma história leve e engraçada, logo nas primeiras páginas você já começa a rir e mesmo depois do livro acabar você ainda está rindo lembrando-se das aventuras de Greg.

    O autor Jeff Kinney é também ilustrador, então todas as páginas são recheadas de desenhos dos personagens e das situações vividas por eles de um modo cômico, assim faz com que a história fique mais engraçada ainda.

Natália Martin. *Resenha – Diário de um banana #1*. Disponível em: <https://clubdelivros.wordpress.com/2014/08/14/resenha-diario-de-um-banana-1/>. Acesso em: mar. 2016.

a) Em uma resenha crítica, o autor coloca de forma pessoal sua impressão e opinião sobre determinado livro, filme, peça de teatro, exposição etc., citando elementos que compõem o enredo, sem grandes detalhes. Que pronome empregado no texto da resenha reforça a ideia de opinião pessoal do autor? Classifique esse pronome.
___
___

b) O autor dessa resenha dirige-se ao leitor de forma cerimoniosa ou familiar? Justifique sua resposta tendo em vista o pronome empregado.
___
___

Língua: Ortografia

Os porquês

1. Releia a tirinha de Calvin e depois desenvolva a atividade a seguir.

   Imagine outro quadrinho em que Calvin voltasse à realidade e respondesse à pergunta da professora. Crie um diálogo entre os dois com os quatro tipos de **porquês**. Depois, explique qual é a função de cada porquê utilizado no diálogo que você criou.
   ___
   ___
   ___
   ___
   ___

   Por que: ___
   Porque: ___
   Por quê: ___
   Porquê: ___

> **Lembre-se:**
> **Por que:** usado no início ou no meio de frases interrogativas, sejam diretas ou indiretas, e em frases que indicam dúvida.
> **Porque:** usado em respostas e em frases explicativas.
> **Por quê:** usado nos mesmos casos do **por que**, porém no final das frases.
> **Porquê:** é um substantivo, pois tem o mesmo valor de "o motivo", "a razão". Aparece antecedido por artigo.

2 Reescreva as frases interrogativas indiretas de forma que se tornem diretas. Veja o modelo:

> Não sei por que você não foi à festa.
> Por que você não foi à festa?

a) Ninguém sabe por que Marina sente tanta vergonha.
_____
_____

b) Todos queriam entender por que o dólar subiu tanto.
_____
_____

c) Há uma dúvida sobre por que isso ocorreu dessa maneira.
_____
_____

d) Diga-me por que você não tem feito suas lições.
_____
_____

3 Leia a reportagem a seguir.

Crianças dão sua opinião sobre a polêmica; qual é a sua?

O resgate dos *beagles* do Instituto Royal não esquentou o debate apenas entre cientistas e ativistas contrários ao uso de animais em testes de laboratórios. Muitas crianças passaram a refletir sobre a questão.

"Os bichos têm sentimentos. Não é justo que a gente faça com que sofram para testar produtos", opina Gabriel D'Incao, 11 anos. Gustavo Vieira, 11, diz que a ciência precisa achar uma solução. "Deve inventar um jeito de fazer experiências em coisas artificiais."

Já Henrique Sena, 12, concorda com os testes. "Se for para desenvolver um bem maior, como a cura de um câncer, tudo bem. Só não pode deixar o animal sofrer". Para Manoela Amaral, 11, o problema é o uso de cães. "Por que não testam em bichos mais feios, como lagartos e ratos?" E você? O que acha da polêmica? Escreva para o *e-mail* folhinha@uol.com.br com a sua opinião e informe nome e cidade.

Thaís Yuri. Livros transformam a vida em uma grande história. *Folhapress*.
Disponível em: <www1.folha.uol.com.br/fsp/folhinha/135678-criancas-dao-opiniao-sobre-a-polemica-qual-e-a-sua.shtml>. Acesso em: mar. 2016.

a) Encontre no texto a frase em que aparece "por que".

_____

_____

_____

_____

b) Essa frase interrogativa direta, além de expressar dúvida, também é, de acordo com o contexto, uma (assinale mais de uma alternativa):

• ☐ explicação. • ☐ sugestão. • ☐ crítica. • ☐ afirmação.

4 No final da reportagem, o autor do texto convida o leitor a expor sua opinião sobre o assunto. Explique a seguir o que você pensa sobre o uso de animais em testes de laboratórios.

_____

_____

_____

_____

_____

_____

_____

5 Relacione corretamente.

A	Por que	a) ☐ você não telefonou?
B	Por quê	b) Vamos sentar, ☐ a peça já vai começar.
C	Porque	c) Joana chorou. ☐ ?
D	Porquê	d) Neide não entende o ☐ da viagem.

6 Complete as frases usando corretamente por que, por quê ou porque.

a) Você está triste _____ não estudou.

b) _____ você não foi à festa?

c) Você está muito alegre _____ ?

d) Eliana chegou tarde _____ houve engarrafamento.

e) Você ainda não almoçou. _____ ?

f) _____ Vera está tão entusiasmada?

107

 Conto

Leia a seguir um trecho do conto *Um apólogo*, de Machado de Assis (1839-1908), renomado autor brasileiro.

Um apólogo

Era uma vez uma agulha, que disse a um novelo de linha:
— Por que está você com esse ar, toda cheia de si, toda enrolada, para fingir que vale alguma coisa neste mundo?
— Deixe-me, senhora.
— Que a deixe? Que a deixe, por quê? Porque lhe digo que está com um ar insuportável? Repito que sim, e falarei sempre que me der na cabeça.
— Que cabeça, senhora? A senhora não é alfinete, é agulha. Agulha não tem cabeça. Que lhe importa o meu ar? Cada qual tem o ar que Deus lhe deu. Importe-se com a sua vida e deixe a dos outros.
— Mas você é orgulhosa.
— Decerto que sou.
— Mas por quê?
— É boa! Porque coso. Então os vestidos e enfeites de nossa ama, quem é que os cose, senão eu?
— Você? Esta agora é melhor. Você é que os cose? Você ignora que quem os cose sou eu, e muito eu?
— Você fura o pano, nada mais; eu é que coso, prendo um pedaço ao outro, dou feição aos babados...
— Sim, mas que vale isso? Eu é que furo o pano, vou adiante, puxando por você, que vem atrás, obedecendo ao que eu faço e mando...
— Também os batedores vão adiante do imperador.
— Você é imperador?
— Não digo isso. Mas a verdade é que você faz um papel subalterno, indo adiante; vai só mostrando o caminho, vai fazendo o trabalho obscuro e **ínfimo**. Eu é que prendo, ligo, ajunto...

Estavam nisto, quando a costureira chegou à casa da baronesa. Não sei se disse que isto se passava em casa de uma baronesa, que tinha a modista ao pé de si, para não andar atrás dela. Chegou a costureira, pegou do pano, pegou da agulha, pegou da linha, enfiou a linha na agulha, e entrou a coser. Uma e outra iam andando orgulhosas, pelo pano adiante, que era a melhor das sedas, entre os dedos da costureira, ágeis como os galgos de Diana — para dar a isto uma cor poética. E dizia a agulha:

— Então, senhora linha, ainda teima no que dizia há pouco? Não repara que esta distinta costureira só se importa comigo; eu é que vou aqui entre os dedos dela, unidinha a eles, furando abaixo e acima.

A linha não respondia nada; ia andando. Buraco aberto pela agulha era logo enchido por ela, silenciosa e ativa como quem sabe o que faz, e não está para ouvir palavras loucas. A agulha, vendo que ela não lhe dava resposta, calou-se também, e foi andando. E era tudo silêncio na saleta de costura; não se ouvia mais que o plic-plic plic-plic da agulha no pano. Caindo o sol, a costureira dobrou a costura, para o dia seguinte; continuou ainda nesse e no outro, até que no quarto acabou a obra, e ficou esperando o baile.

Veio a noite do baile, e a baronesa vestiu-se. A costureira, que a ajudou a vestir-se, levava a agulha espetada no corpinho, para dar algum ponto necessário. E quando compunha o vestido da bela dama, e puxava a um lado ou outro, arregaçava daqui ou dali, alisando, abotoando, acolchetando, a linha, para mofar da agulha, perguntou-lhe:

— Ora agora, diga-me quem é que vai ao baile, no corpo da baronesa, fazendo parte do vestido e da elegância? Quem é que vai dançar com ministros e diplomatas, enquanto você volta para a caixinha da costureira, antes de ir para o balaio das mucamas? Vamos, diga lá.

Parece que a agulha não disse nada; mas um alfinete, de cabeça grande e não menor experiência, murmurou à pobre agulha:

— Anda, aprende, tola. Cansas-te em abrir caminho para ela e ela é que vai gozar da vida, enquanto aí ficas na caixinha de costura. Faze como eu, que não abro caminho para ninguém. Onde me espetam, fico.

Contei esta história a um professor de melancolia, que me disse, abanando a cabeça:

— Também eu tenho servido de agulha a muita linha ordinária!

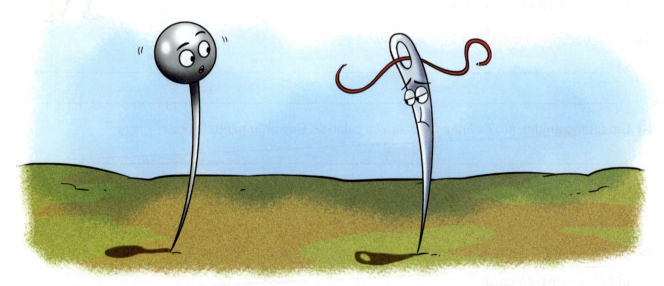

Machado de Assis. *Um apólogo*. Disponível em: <www.dominiopublico.gov.br/download/texto/bv000269.pdf>. Acesso em: mar. 2016.

Ínfimo: algo de pouca importância.

Apólogo é uma narrativa não muito longa, com diálogos e ensinamento moral. Nos apólogos geralmente ocorre personificação ou prosopopeia, ou seja, os personagens são animais ou objetos que pensam, falam e agem como seres humanos. O apólogo também é conhecido como **fábula**.

1 De acordo com a definição de apólogo, justifique o título do conto de Machado de Assis.

_____
_____
_____

2 Releia:

> — Por que está você com esse ar, toda cheia de si, toda enrolada, para fingir que vale alguma coisa neste mundo?

Essa fala mostra que a agulha é:

a) ☐ humilde.

b) ☐ arrogante.

3 Uma das afirmativas da agulha em relação à linha é que esta última é orgulhosa. A linha, nesse momento:

a) ☐ concorda com a afirmativa.

b) ☐ discorda da afirmativa.

4 Que argumento a linha dá à agulha, então?

_____
_____

5 Um último argumento da linha faz a agulha calar-se. Que argumento foi esse?

_____
_____
_____

6 Assinale a alternativa que traz o ensinamento transmitido por esse apólogo.

a) ☐ Todos são iguais.

b) ☐ Alguns têm privilégios que outros não têm.

c) ☐ Com esforço, todos recebem o mesmo prêmio.

Mito

No início deste capítulo, você conheceu algumas histórias de deuses mitológicos associados ao tempo. Agora é sua vez: você vai criar um **mito** brasileiro relacionado ao tempo.

> **Mitos** são histórias passadas de geração em geração e que são sagradas para os povos que as criaram. Muitas vezes, elas explicam a origem de alguns elementos da natureza, o nome das coisas, ou tentam explicar fenômenos aparentemente inexplicáveis.

Preparação

- Crie um personagem, como uma divindade, associado ao tempo e dê um nome a ele.
- Pense na caracterização desse personagem: Ele terá forma humana ou animal? Será associado a algum elemento da natureza, como uma planta? Em seu caderno, escreva essas características detalhadamente antes de começar a redigir sua história.
- Explique também como ele surgiu. O personagem pode ter aparecido do nada ou estar relacionado a aspectos de outros personagens, como o amor e a morte.
- Pense um pouco em como as pessoas lidam com o tempo: Como as crianças lidam com o tempo? E os adolescentes? E os adultos? E os idosos? Explore a maneira como elas lidam com o tempo e tente colocar esses atributos em seu personagem.

Escrita

- Escreva nas linhas a seguir as ideias iniciais do seu mito e explique seu significado no passado e como lidaríamos com ele atualmente.

_____
_____
_____
_____
_____
_____
_____
_____
_____
_____
_____
_____

Revisão e reescrita

- Releia suas anotações e escreva seu texto. Quando estiver pronto, revise-o para melhorá-lo. Capriche!